はじめての
在宅介護
シリーズ

「家族介護」のきほん

経験者の声に学ぶ、介護の
「困り事」「不安」への対処法

NPO法人介護者サポート
ネットワークセンター・
アラジン 著

SE
SHOEISHA

はじめに

これから介護を始めるあなたに

「一億総介護時代」といわれる昨今、超高齢化、少子化の影響も相まって、今や介護は全世代の誰しもが直面する当たり前の人生の一部の風景になってきました。

ひと時代前は、介護は嫁や妻が担うものとされてきましたが、現代は決してそうではありません。男性介護者はもはや、介護者全体の3割以上を占め、働きながらのワーキングケアラー、子育てとケアを同時並行で担っているダブルケアラー、独身で介護をしているシングルケアラーなど、介護を担う層が多世代になり、特に若い世代に在宅介護の波が押し寄せてきています。

また今年度は、学業期にある子どもたちが、大人が担うようなケアを引き受けているヤングケアラーの問題に焦点が当たり、国が支援施策の柱を立てたことで、現在自治体を中心に一気に啓発や取り組みが進みつつあります。

さらに「ケアラー」という言葉が浸透したことで、介護（ケア）という概念が、これまでの"高齢者の介護"というイメージだけではなく、精神・知的・身体障害者をはじめ、ガン、難病などの看護、あるいは依存症やひきこもりの家族のケアなども含まれ、広い意味をもつようになりました。

一方で、介護がきっかけとなり離職する人達は10万人といわれ、2015年から介護離職防止施策として、育児・介護休業制度の改正をはじめとするさまざまな「仕事と介護の両立」にむけた支援策も進められていますが、それぞれ介護離職を避けられない状況もあり、離職後のケアラーの人生に少なからず影響を及ぼしています。

ＮＰＯのこれまでの介護者支援の現場で、ケアラーたちがかつてを振り返り、「急に親が倒れ、パニックになってしまった」「(介護が始まって) どこに相談に行ったらいいかわからず、路頭に迷った」「いきなり介護の専門機関に行ったら、言葉がまったくわからず落ち込んだ」などの声を多く聞いてきました。

この本では、そうした声や経験談を元に、「今後介護が始まりそうで不安だ」「最近、親の物忘れが進み心配になっている」など、ケアが間近に迫っている方々に、介護が始まる前、あるいは介護の初期にどこへ相談に行ったらよいのか、ケアラーになるとはどういうことか、どんなリスクがあるのか、をあらかじめ知っておいていただき、何らかの道しるべになればと、まとめられています。

「人生や仕事をあきらめない」を合言葉に、これからも、ゆっくりケアや人生のことを共に考えていく、みなさんのパートナーでありたいと願っています。

あなたは決して一人ではありません。多くの仲間たちがいます。

２０２１年10月
ＮＰＯ法人 介護者サポートネットワークセンター・アラジン
牧野史子

アラジンの活動紹介

介護者が地域で孤立しない、仕事や人生をあきらめなくてもいい社会の実現を目指して

NPO法人 介護者サポートネットワークセンター・アラジンは、2001年に発足。2004年よりNPO法人となり、認知症などの家族を介護する人（ケアラー）たちが地域で孤立せず、仕事や人生をあきらめなくていい社会の実現を目指し、介護者をサポートする以下の活動を行っています。

家族介護者支援・人材養成事業

〈相談事業〉

●介護者のための電話相談「心のオアシス」：誰かに話を聴いて欲しい、相談したい、でもなかなか外に出られない方のための電話による相談。聴き手のボランティアスタッフ（研修修了生）により、丁寧に寄り添いながら話を伺い、必要に応じて情報提供を行います。
専用電話：03-5368-0747
／木曜日10：30～15：00

●介護者のための訪問相談「ケアフレンド」：ケアフレンドがご自宅に訪問、またはお近くの喫茶店などに出向きお話を伺います。

〈介護者が集まる「場」つくり〉

地域を越えた「介護者サロン」を実施しています。

●娘サロン：実母を介護する、主にシングルの娘さんが集まるサロン。

●息子サロン：実母を介護する、主にシングルの息子さんが集まるサロン。

〈介護者の会の立ち上げ支援・人材育成〉

行政等と協働して介護者の会の立ち上げや、介護者を支援する人材を養成。「介護者サポーター養成講座」の実施。

地域支援事業

〈アラジンが主催する地域の場〉

●ケアラーズカフェin都会（まち）の実家：介護者や地域の人がふらっと立ち寄れるランチ&カフェスペース。東京都南阿佐ケ谷駅から徒歩5分。

●ケアラーテラス：介護者が相談したり息抜きしたりするための拠点となるスペース。介護者（OBを含む）サロンや、介護者の人生を応援する各種講座の開催、介護者のためのスポットでの宿泊スペースもあります。東京都中野新橋駅から徒歩2分。

〈行政からの受託事業で都内に立ち上げた地域の場〉

（コミュニティカフェ、認知症カフェ）

●新宿区「ほっと安心カフェ」：2009年から都営百人町アパートにて月4回開催。

●港区麻布地区「ちょこっと立ち寄りカフェ」：2010年から麻布地域のいきいきプラザにて、月3回開催。

●目黒区「コミュニティカフェあおば」：2010年から目黒区区営アパート集会室にて月1回開催。

●目黒区「コミュニティカフェさくらプラザ」：2012年から目黒区内施設にて月1回開催（旧称「いよさん家」）。

●港区「みんなとオレンジカフェ」：2014年から港区内の施設で月5回開催。

ネットワーク推進事業

●介護者の会・ネットワーク会議：首都圏の介護者の会や家族会（約40団体）のリーダーの研修と情報交換会を年3回開催。

●研修・講演会・調査研究事業：介護者支援に関わる調査研究や、啓発シンポジウムを年1回開催。

アンケートの概要

本書を制作するにあたり、アラジンに集う先輩ケアラー（介護者）に、日々の介護での困り事や不安、要介護者に対する気持ちなどについてアンケートを実施しました。

現在進行形で介護を担う先輩ケアラーからは、介護に関するアドバイスだけでなく、今なお慣れぬ介護に対する戸惑いや不安、もっとこうすればよかったという声、また日々介護を頑張っている自分に対してエールを送る声もたくさん集まりました。

本書の中で「先輩ケアラー（介護者）の声」というページに掲載しています。このページは順番通りではなく、どこから読んでもいいように構成しています。あなたが今、一番気になる項目から気軽に読み進めてください。

介護に正解はありません。先輩ケアラーの声を読んで、「そうそう」とうなずいたり、自分だけではないとホッとしたり、「こうすればよいのか」と介護戦略を立てたり……。日々介護を担っているあなたが、一人ぼっちではないことに気づいていただければ幸いです。

CONTENTS 目次

はじめに 002
アラジンの活動紹介 004

第1章
自分を犠牲にしない、けれど、後悔しないための在宅介護の考え方

1 介護をするということ～介護と向き合うための心構え～ 012
2 介護で人生を終わらせないために 018
3 介護という名の大海原で溺れないためには「知識」と「情報」が武器になる 020
4 介護の実践はプロを活用しよう。家族介護者はコーディネーター役になろう 022
5 いくつになっても親の前では子どもである自分。感情の渦に巻き込まれないために 024
COLUMN 介護と育児を同時に担う、ダブルケアが増えている 026
デンマークのケアラー憲章 ケアラーがよい生活を送るための10の条件 028

第2章

在宅介護・遠距離介護を始めるまでの流れとポイント

1 介護は予測できないことばかり 030
2 介護で初めに相談する地域包括支援センターってどんなところ？ 034
3 うちの親、もしかして認知症？ 036
4 認知症の親に、受診を「うん」と言わせるコツ 040
5 要介護・要支援を受けるまでの手続き 044
6 介護ストレスと「要介護度」は必ずしも比例しない 046
7 どこの事業所に頼めばいい？ 048
8 ケアマネジャーの得意分野にも注目を 050
9 ケアプランづくりには積極的に参加しよう 052
10 介護保険サービスはできる限り活用を 054
11 公的サービスの不足分はインフォーマルサービスで補う 056
12 インフォーマルサービスの情報の集め方 058
COLUMN お勧めは傾聴ボランティア 059
13 どうなる？ 介護サービスの利用負担額 060
14 住まいの環境整備 062

15 介護と仕事を両立するために …… 064
16 気になる介護離職のこと …… 066
17 遠距離介護の始め方 …… 068

第3章 「介護の困った」の乗り切り方（先輩からのアドバイス）

1 要介護認定調査のとき、日ごろと違って本人がシャンとしてしまう …… 072
2 要介護認定調査員の質問に本人が事実と異なることを答える …… 074
3 訪問介護を利用したいのにヘルパーに来てもらうのを嫌がる …… 078
COLUMN 親の状態を把握するには、3か月に1回でも長めの滞在を …… 079
4 ホームヘルパーと合わない。ほかの人に替わってもらいたい …… 080
5 デイサービスに行くのを渋る。送り出しが大変 …… 082
6 デイサービスで決められたアクティビティを嫌がる …… 086
7 デイサービスに楽しく通ってもらうには …… 088
8 勤め先に介護のことを伝えたいが不安がある …… 090
9 薬の飲み忘れが多い …… 096
10 ケアマネジャーとの意思疎通がうまくいかない …… 100

11 ケアマネジャーに不満がある。替えたい 104
12 きょうだいが介護の大変さを理解してくれない 108
13 命令口調であったり、わがままを言われたりして心が折れそう 112
14 要介護者が暴言を吐く、暴力をふるう 116
15 ついカッとして、自分がしてしまった暴言・暴力に自己嫌悪 120
16 介護に精神的に疲れた。介護ストレスをどう発散すればいいのか 124
17 認知症の要介護者から「物を盗られた」と疑われる 128

第4章 自分の心と体を追い込まないために

1 早いうちに話しあっておきたい終末期の在り方や葬儀のこと 134
2 女性介護者に多い悩み 136
3 男性介護者に多い悩み 138
4 介護のつらさ苦しさを癒すのは、同じ立場の人との分かち合い 140
COLUMN 認知症カフェとケアラーズカフェはどう違う? 141
5 レスパイトケアの勧め 142
あなたのための相談・支援窓口 150

介護で感じる負担と不安 …… 014
介護が必要になった理由 …… 032
自分が主介護者になった主な理由 …… 033
もしかして「認知症？」と気づいたきっかけ …… 038
認知症の受診。うちの場合はこれで「うん」と言ってくれた …… 042
遠距離介護・私の場合 …… 070
要介護認定調査のときのポイントと対策 …… 076
介護サービスを利用したいのに本人が拒否する …… 084
デイサービスのレクリエーションを嫌がる …… 087
勤務先に介護のことを伝えるときに不安があったか？ …… 092
介護と仕事の両立で苦労したこと …… 094
わが家の服薬管理 …… 098
ケアマネジャーとのコミュニケーションについて …… 102
ケアマネジャーの変更などについて …… 106
きょうだいに理解がない。介護の大変さをわかってもらえない …… 110
心が折れそうになった要介護者のひとことや行動 …… 113
要介護者からの暴言と暴力 …… 118
要介護者につい行ってしまった暴言と暴力 …… 122
私の心の癒し方 …… 125
認知症による幻視へのとまどいなど …… 129
認知症なので話がかみ合わずに、ついイライラしてしまう …… 132
親やきょうだいと終末期、葬儀、遺産のことなど話しましたか？ …… 135
介護初心者だったころの自分にかけてあげたい言葉 …… 144

第1章

自分を犠牲にしない、けれど、後悔しないための在宅介護の考え方

1 介護をするということ ～介護と向き合うための心構え～

●肉体的・経済的・精神的負担がのしかかる
●負担を軽減する環境を整えることが大事

介護は突然、始まる

多くの場合、介護は突然、始まります。突然、病気で入院したり、認知症の症状が現れます。介護は、いずれは起こるだろうと考えていても、介護に直面するときは突然です。そのため、介護への準備ができている人は少ないのです。

介護は家族や親しい人のために行う大事なことですが、介護そのものは、家族介護者にとっては、いろいろな負担がかかります。また、介護期間もどのくらいかは個人差があります。介護は準備や見通しを立てにくいという特徴があります。

介護世代は、肉体的な負担がつらくなる年代

家族介護者が抱える負担や不安は、大きく3つに分けられるといわれています。

まず1つめは、身体的な負担と不安です。

介護のためにしばしば夜中に何度も起きるために、家族介護者の多くは慢性的な睡眠不足や不眠の悩みを抱えています。

経済的・精神的負担も大きい

2つめは経済的な問題です。介護と仕事の両立に限界を感じて、仕事を辞めてしまう人がいますが、介護のために離職すれば生活や介護費用は、親の年金や貯金に頼らざるを得なくなります。

介護が長期化することで、貯金を使い果たして経済的基盤を失う人もいます。自身の将来を見据えれば、介護離職により収入が途絶え、将来受け取る年金額も減って

【家族介護者】介護による精神的・身体的・経済的な負担度合い　単数回答 n=3000

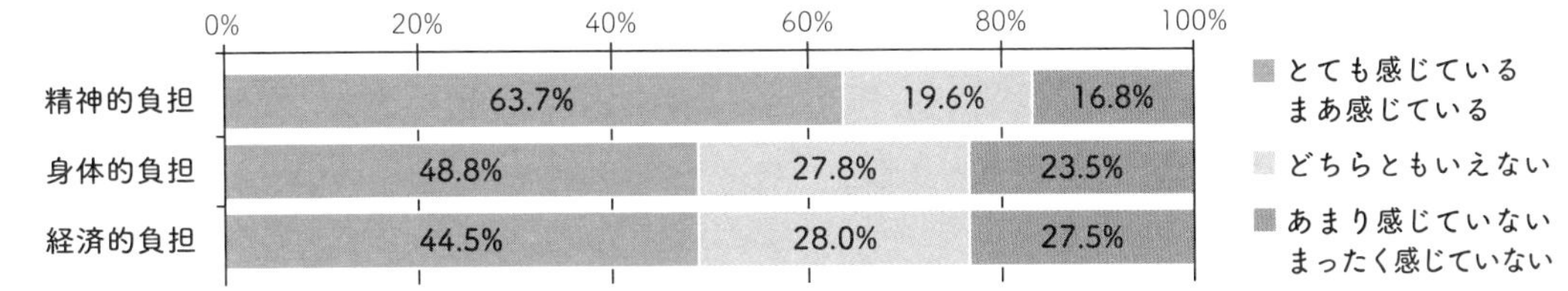

(出典)「市町村・地域包括支援センターによる家族介護者支援マニュアル～介護者本人の人生の支援～」(2018年３月　厚生労働省)

介護に疲弊しないために必要な3つの対策

①肉体面：**介護の実務はプロ（サービス）をうまく活用する**。早めに自治体の窓口や地域包括支援センター、社会福祉協議会などで相談し、いろいろなサービスを知って、介護支援をしてもらう。一人では抱え込まないこと。

②経済面：**公的な支援を受ける、家族や親類を巻き込む**。介護サービスを利用する所得の低い人に対して利用者負担額の軽減措置などがある。自治体に問い合わせを。きょうだいや親類に相談し介護費用や生活費の支援をしてもらう方法も。

③精神面：**地域に出ていく、気持ちを分かち合える場に参加**。介護について、思いや悩みを相談することは必須。声をあげないとサポートにつながらない。同じ悩みをもつ家族介護者の会などに参加すると、心が軽くなることも多い。

しまいます。介護によって、経済的な負担が大きくのしかかってくるのです。

３つめは、精神的な負担です。介護の大変さは周囲には理解されにくく、しかも要介護者本人からも、期待するようなねぎらいの言葉や感謝の言葉をなかなかもらえません。介護によってうつ状態になったり、精神のバランスを崩してしまう家族介護者は本当に多いのです。

介護のプラスの側面、マイナスの側面を理解し、要介護者や家族介護者にとって、肉体的・経済的・精神的により望ましい環境をつくり出すことが必要なのです。そしてこの３つの環境を整えることで、ずいぶん介護や生活がしやすくなると考えています。

介護で感じる負担と不安

イライラして呼吸が苦しくなる

【身体的な不安】 母の現実をみること、受け入れること、対応がわからないことを、すべて一人で背負い、日々の生活の中で体当たりして反省する。そういう繰り返しで母と自分が楽になる方法、手段を選択した。
【経済的な不安】 自分の収入がなくなることで、生活のすべてを親のお金でまわしていくことになり、いつまで続けられるのか。
【精神的な不安】 どうしてもイライラしてしまう自分に不安。呼吸も苦しくなり、深呼吸をゆっくりすることが多い。

（60代女性、96歳の親を介護、介護歴11年）

いずれ自分もアルツハイマーになってしまうのか!?

【身体的な不安】 自分もアルツハイマーになってしまうのではないかという不安、これに尽きます。50歳の誕生日に脳ドックを受けました。認知症保険にも入っています。
【経済的な不安】 父が考えなしであったので貯金はほとんどありません。母の貯金と年金で今のところ費用はまかなえています。私自身は仕事を辞める選択は、最初からどんなことがあっても1ミリもないです。
【精神的な不安】 母は今要介護5です。ほとんど自分では何もできません。初期のころの悩みと今の悩みはまったく違っています。要介護5の先はいったいどうなるのだろう、ということです。

（50代女性、77歳の親を介護、介護歴4年）

老々介護をしている自分に気づく

【身体的な不安】 ときがたつと老々介護に気づき、介助する際も力が入らない。また腰や手指の痛みが増してくる。
【経済的な不安】 介護の単位数がオーバーになり、急に10割負担の要素が増え、予定外の出費になっている。

（60代女性、96歳の親を介護、介護歴約15年）

母さんの子守唄

認知症の母と二人で暮らしている
はい母さん。
介護は大変だけど…
散歩しようね～
仕事も行かないと…
私が、母を支えなければ…
がんばらなければ…
ねんねんよ～
母の優しい歌声は昔のまま…
母ちゃん！
おころりよ～
いい子だね～

いつまで在宅介護を続けていくか悩ましい

【身体的な不安】睡眠不足。要介護者がショートステイに行っている間に眠る。介護保険オーバーとなるが、ヘルパーを入れる。自身がストレスをためないようにリフレッシュする。
【経済的な不安】介護保険の限度額を超えているので、自分が病気などで仕事ができなくなったら、と不安。給料が下がると思うので、仕事を変えることはバツかな。
【精神的な不安】いつまで在宅介護を続けようか悩む。施設に入所するとすぐに亡くなってしまいそう……。

（50代女性、93歳の親を介護、介護歴5年）

自分のしていることは正しいのかという葛藤

【身体的な不安】同居せずに見守る立場での介護なので、常に無事でいるかどうかの不安が頭にあり、自分のことに集中できない。日常生活でのリスクを減らすために、実の親に生活指導のようなことも言わねばならず、本人とよい関係を続けるのがむずかしく、自律神経失調症のような症状で安定剤を服用していたことがある。特に通院の付き添いの日など、自分が体調を崩してはいけないというプレッシャーがある。寝つきが悪くなったので薬を服用している。
【精神的な不安】介護が続く＝本人が生きている、ということなので、長生きしてほしいという思いがあり、本人の状態が変わるたびに、何がベストなのか、自分でしていることは正しいのかという葛藤がある。ケアマネさんやヘルパーさんとはよい関係を築けていると思う。
思い通りにしてくれない母親にイライラしてやさしくできなかったときは、毎回後悔して落ち込む。

（50代女性、83歳の親を介護、介護歴8年）

疲れ果てている自分がいる

【身体的な不安】 要介護者が入院していたとき、病院からいつ電話がくるかわからないので、いつも着信音が鳴っているような感覚になった。もともと不眠クリニックに通院していたが、介護で薬の量が増えた。

【経済的な不安】 母の検査や病院に付き添う日は、仕事を休まなければならないので、その分は丸々減収になってしまう。

【精神的な不安】 姉と弟は認知症に対する理解が乏しく、父の問題行動は私の対応が悪いからと言われる。また、「父は、本当はしっかりしている」と責められる。職場では、疲れて休憩中に寝ていると怒られる。

（40代女性、79歳の父親と76歳の母親を介護、介護歴1年）

やさしくできない自分を日々責めていた

【身体的な不安】 身体面・経済面・精神面、すべてに不安を感じている。ケアマネジャーに相談したり、介護者の会で相談したりして、とても助けになった。

【経済的な不安】 仕事があったので、あまり考えずにすんだ。食材は安いものや値下げしたものばかり買っていた。

【精神的な不安】 いつまで続くのかという不安は常にあった。本人にやさしくできず、日々自分を責めていた。

（50代男性、92歳の親を介護、介護歴7年）

自分の将来に備えられない不安

【身体的な不安】 勤務日の睡眠不足。休日も要介護者の様子を見たり必要なものを用意したりするため、時間的にも拘束され、自分が休む時間がなくなる不安が大きくなってきた。体に不自由なところがない母に小規模多機能施設から定期訪問してもらい、自分以外に関わる関係者を増やした。持病もある。

【経済的な不安】 もし母にかかる費用が増えたら、自分の貯蓄だけでは立ち行かないのではと考えてしまう。母の年金は少ない。父が母より先に亡くなると、自分と兄の経済的な負担が増えてしまう。

【精神的な不安】 母の認知症がひどくなったら、負担が増えるか不安。介護が終わったあと、自分の人間関係の範囲が狭くなりそうで不安。介護の時間が増えて自分の将来に備える余裕がなくなるかもしれない。

（40代男性、80歳、83歳の母と叔母を介護）

一人で抱え込まない介護

孤立している自分をひしひしと感じる

【身体的な不安】 親にショートステイに行ってもらい、その間に自分の病院に予約をして受診しています。

【精神的な不安】 一人っ子なので、日常的に話ができる相手がいません。本当に孤立している感じがします。外出もままならず、このことが一番つらいです。

（50代男性、88歳の親を介護、介護歴3年）

親ときょうだいのダブル介護を続けている

【身体的な不安】 自分の眠りたいときに眠れず、常に要介護者のペースに合わせて介護しなくてはならないストレスがあり、疲れが蓄積している。心療内科で適応障害と診断された。

【経済的な不安】 親は貯金をしてこなかったため、年金が頼りだが、もし緊急時や入院が必要になったとき、どうなるのか。

【精神的な不安】 25年間、きょうだい（知的障害、身体障害）と親（軽度認知症、腎不全）をずっと介護しながらの生活で、自分の将来に大きな不安と葛藤を抱えている。社会から取り残された環境にあるので、何でも相談できるような人間関係があるといいなと思う。

（40代女性、80歳の親と41歳のきょうだいを介護、介護歴25年）

将来の自分のビジョンが描けない

【身体的な不安】 大変な時期は睡眠時間も少なく、家事も仕事もぎりぎりの状態に追い詰められる。自分の持病悪化も気になる。

【経済的な不安】 結婚を考えるパートナーが出現し、少し経済不安が軽くなったが、遠くに居住しているため、介護中の親を置いていくことができず、将来の不安が募る。

【精神的な不安】 パートナーや本来の自分の職業など、今後のことでメドが立たず、ストレスが大きくなる。きょうだいとの不仲でサポートも受けられず、心が冷え切ってくる。

（50代女性、84歳の親を介護、介護歴4年）

介護との向き合い方①

2 介護で人生を終わらせないために

・介護が自分の生活のすべてにならないようにする
・自分自身の人生と介護を切り分けて考える

介護で人生をあきらめない

介護者サポートネットワークセンター・アラジンがミッションとして掲げているのが「自分の人生や仕事をあきらめない」という言葉です。「(介護は) 自分がやらなくては」という強い思いから、いつの間にか自分のことを置き去りにして、介護に没頭してしまい、精神的に追い詰められて気が付けば、要介護者と一心胴体になり共依存関係になってしまう人も少なからずいます。

【手記】私を追いつめていたのは、私かもしれない

50代で父が若年性認知症を発症した。当時、私は30代で独身。通い介護で母を手伝いながらの日々。そんな中、母ががんを患い入院した。仕事を辞め、実家に戻った私。きょうだいは子育て真最中。介護の即戦力としては考えにくかった。

当時のことはハッキリ思い出せないこともある。それだけ、すさまじい日々だった。「父を守らなければ」と自分に言い聞かせ、自分を奮い立たせていたことだけは覚えている。

突然始まった認知症の父との二人暮らし。父は、もっとも信頼していた妻が突如自分のそばからいなくなった不安と、父なりに状況を理解しようと頑張ろうとしているのに進行する症状、そんな複雑な思いの中で苦しそうだった。

私はといえば、「頑張らなければいけない」「私はできる」という責任感と何の根拠もない自負からさらに自分を追い込み、周囲から孤立していった。「私は大丈夫」だと思っていたから、周囲の人たちが心配してくれる言葉も受け入れきれなかったのだ。

あれから十数年。当時を振り返って思うのは、もっと早く「本当は私も苦しい」「手伝ってほしい」と言えればよかったということ。介護の抱え込みは、負のスパイラルしか生まないと今ならわかる。

ではどうすればそうした事態を防げるでしょうか。

自分と介護を切り分ける

昔ながらの介護は「家族がやるべき」という規範にとらわれ、真面目で一生懸命な人ほどそうした傾向に陥りやすい傾向にあります。介護（ケア）と自分自身の生活や人生とを切り分けて考え、自分のやりたいことや叶えたい夢を持ち続けることが大切です。

ときには、自分の気持ちにブレーキをかけることも必要です。

介護が自分の生活のすべてにならないように、自分の人生と介護を切り分けて考えられるといいですね。介護をうまく乗り切れるかどうかは、介護者自身の心構えも大きく影響することを忘れないようにしましょう。

介護との向き合い方②

3 介護という名の大海原で溺れないためには「知識」と「情報」が武器になる

- 介護で大事なのは知識と情報
- 相談先を把握して、早め早めに相談する

準備と情報が必要不可欠

介護を始めるみなさんは、今まさに大海原に飛び込もうとする自分を想像してみてください。

先行きの見えない介護は、例えていえば大海原のようなものです。そこになんの備えもなく飛び込んでしまったら、溺れてしまうでしょう。

そうならないためには、まずは泳ぎ方を習得すること、息継ぎの方法を学ぶことです。介護に関する基本的な知識や情報、介護ノウハウなどがこれにあたります。また、着衣のまま大海原に飛び込めば溺れてしまいますが、水着を着て救命具をつけて、大きく息を吸って飛び込んでいけば、自分のペースで泳ぎきることができるでしょう。

介護という名の大海原を泳ぐには、自分を見失わないようにすることも大事なポイントです。介護が大変なときでも、自分の時間をつくること。そのためには介護保険サービス（p.54参照）の情報が必要不可欠です。

そうやって大海に泳ぎだし、途中で流木につかまってみたり、島に立ち寄ってひと息ついたり、泳いでいる人を見つけてお互いに励まし合って泳いだり――そんなふうに無理せず、体力をキープしながら泳いでいきましょう。

介護は長期戦

介護を続けていくためには、家族介護者が心身ともに健康であることが重要です。そのためには、介護のプロに支援してもらうことが必要です。

介護に関する適切な情報を手に

介護をする前の準備には、「介護の基礎知識を身につける」「介護保険サービスを知る」「ケアマネジャーなど介護のプロに相談にのってもらう」「介護サービスを使って家族介護者が休息する」などのことも大切ですね。

入れるためには、地域包括支援センター（p.34参照）や、社会福祉協議会（p.58参照）が大きな力になってくれます。また、在宅介護についてはケアマネジャー（p.48参照）、病院には医療ソーシャルワーカーもいて相談にのってくれます。

医療ソーシャルワーカーとは、患者とその家族の抱える問題を、社会福祉の立場から解決・調整・支援する役割を担う専門職のこと。病院の地域連携室や医療福祉相談室に在籍して、退院後の在宅介護についても相談することができます。

介護の相談先を調べて、早め早めに相談しておくと、のちのちの介護が楽になります。友人や勤務先など介護の先輩がいたら、いろいろな情報を教えてもらうのもお勧めです。

4 介護の実践はプロを活用しよう。家族介護者はコーディネーター役になろう

- 介護をマネジメントする
- きょうだい、親せきを介護に巻き込もう

介護の実務はプロを活用する

介護は家族介護者（ケアラー）が一人で背負うには、無理なことが多いことを理解しましょう。ケアマネジャーやヘルパーなど介護のプロや訪問看護師、医師などの医療職、また公的サービス以外に支援してくれる地域の人やボランティア、きょうだい、親せきなど、より多くの人に要介護者の回りに来てもらって、交代でその役割をシェアして、支援してもらいましょう。

特に、介護の実務はできる限り介護のプロに頼ってよいと思います。利用できるサービスはできるだけ使うように心がけ、要介護者と自分にとって、より自分らしい生活を続けていけるように、多くの人にシェアしてもらいます。メインで介護を担うあなたは、調整役であるコーディネーターを心がけましょう。

情報共有でトラブルを回避

こんなふうにお話しすると「うちはきょうだいや親せきが必ず口出しをしてくる」という声が聞こえてきます。確かにきょうだいや親族からは、デイサービスを利用しただけでも「お母さんがかわいそう」「あなたが楽をしたいだけなんじゃないの」など往々にして言われることがあります。こんなときに有効な対処法は、介護の情報を共有することです。彼らは現状を知らないがために介入したくなるのです。離れて住むきょうだいは、もしかするとあなたのことをお母さんといつも一緒にいてうらやましい、と思っている部分も

お父さん、待って〜
お父さんの認知症がずいぶん進んでいる。
心配……
遠方へ

きょうだいや親戚で情報を共有し、一人で抱え込まないようにしましょう。動画など便利な機能は積極的に利用するといいですね。

あるのかもしれません。

主治医からこんな診断を受けた、この介護サービスを受けることにしたなど、面倒でもできるだけ細かく報告することをお勧めします。また、本人はときどきシャキっとするけれど、夜はこんな状態であるとスマートフォンで動画を撮って見せるのも方法です。もちろん介護費用についても、しっかり報告・相談をします。

介護に巻きこむ工夫を

遠くに住むきょうだいなら、「お母さんが寂しがっているから、手紙を書いてほしい」とか、近くに住んでいれば「3回に1回くらいは病院に一緒に行ってほしい」「今どんな状態か主治医の話を聞いてほしい」とお願いして、介護に関わってもらうことが重要です。

気持ちの持ち方①

5 いくつになっても親の前では子どもである自分。感情の渦に巻き込まれないために

- 介護が始まると、きょうだい間の葛藤が生じる
- いかに介護に参加してもらうかを冷静に考える

むずかしい、きょうだい間の葛藤

親の介護問題では、子どものころからくすぶっていたきょうだい間の感情が一気に表出することがあります。

例えば、遠く離れたきょうだいがたまに実家に来ると、手とり足とり親の面倒をみたりします。要介護者もまた「○○ちゃん、よく来てくれた」と喜び、小遣いをあげたりして親の顔に戻ります。認知症の場合は「ご飯を食べさせてもらえない」「財布がなくなる」と認知症特有の妄想をきょうだいに言いつけたりもします。主に介護をしている立場の人は、自分に見せる親の顔とあまりに違うことにあっけにとられ、そのギャップに苦しみます。

その上、たまに来るきょうだいから「お母さん元気じゃないの。なんで施設なんかに入れようとするのよ」などと批判されたりすると、つい「お母さんの日ごろの姿を知らないくせに。あなたもここに泊まってお母さんの面倒をみてみなさい」と言い返して、きょうだいげんかになることもしばしばです。「もうあなたにはうちに来てほしくない。お母さんの面倒は私一人でみる」と心を閉ざしてしまう介護者もいるのです。

ねぎらいの言葉がほしいのに

家族介護者が一番言ってほしいのは、ねぎらいの言葉です。「いつもありがとう」とひとことを言ってほしいのです。しかし人によっては、親と一緒にいることへのジェラシーもあって「あんたはお

親の愛情をめぐるきょうだい間の葛藤は少し横に置いて、いかに介護に参加してもらうかを冷静に考えましょう。

母さんと一緒でいいよね。お母さんからいつもお金をもらっているんじゃないの」と言われることもあります。

こんなことから遺産相続の揉め事に発展するのも、よくあることです。介護している娘にはわがまま放題言っている親が、いざというときになると、兄や弟に頼る。「悔しい」「つらい」という声もよく聞きます。

介護を戦略的に考えよう

介護で人生を終わらせないためには、介護を戦略的に考えることが重要です。

介護のときはスイッチを切り替えて、コーディネーター役に徹します。感情の渦に溺れずに介護を戦略的に考えて人生のリスクマネジメントをしましょう。

COLUMN

介護と育児を同時に担う、ダブルケアが増えている

女性の社会進出に伴って晩婚や高齢化出産が増加し、近年は、育児をしながら親の介護を担う「ダブルケア」問題が指摘されるようになりました。

2016年に発表された、内閣府男女共同参画局の「育児と介護のダブルケアの実態に関する調査」によれば、ダブルケアを行っている人は約25万人。平均年齢は男女ともに40歳前後。ちょうど働き盛りの世代です。育児・介護ともに「主に」担う人の割合は、女性が約半数で男性は約3割。ダブルケアを行っている女性の半数は有業者でした。

またダブルケアを行う人で配偶者から「ほぼ毎日」手助けを得ている人は、男性が半数以上いるのに対して、女性では4人に1人にとどまっているなど、女性に大きな負担がかかっていることがわかります。自治体によっては、専用の相談窓口を設置するなどの支援を行っている

ところもありますが、ダブルケアを担っている介護者に対する支援がまだまだ少ないのが現状です。ダブルケアは育児と介護以外でも、例えば、「孫の世話とパートナーの介護」「きょうだいと親の介護」「パートナーと親の介護」など、さまざまな形があります。決してひとごとではありません。複数の介護を同時に行う家族介護者は、今後もますます増えていくことでしょう。

ダブルケアを行う者が行政に充実してほしいと思う支援策ベスト3

	男性	女性
1位	保育施設の量的拡充（22.8％）	育児・介護の費用負担の軽減（26.4％）
2位	育児・介護の費用負担の軽減（19.2％）	保育施設の量的拡充（22.6％）
3位	介護保険が利用できる介護サービスの量的拡充（16.7％）	介護保険が利用できる介護サービスの量的拡充（12.3％）

勤め先に充実してほしいと思う支援策ベスト3

	女性より男性で多かった回答	男性より女性で多かった回答
1位	残業をなくす／減らす仕組み	休暇・休業を取得しやすい職場環境の整備
2位	介護のために一定期間休める仕組み	制度を利用する際の上司や同僚の理解
3位	介護サービスに関する情報提供	テレワークや在宅勤務等の導入

（出典）いずれも「育児と介護のダブルケアの実態に関する調査」（2016年内閣府男女共同参画局）

デンマークのケアラー憲章
ケアラーがよい生活を送るための10の条件

デンマークのケアラー憲章は、「ケアラーズ・デンマーク（Carers Denmark）」と「デーン・エイジ（Dane Age：デンマークの高齢者支援団体）」が、ケアラー自身にとってのよい生活を送ることができる条件を説明するために作成したものです。

これら2つの組織は、ケアラーが家族をケアしながら自分自身のことも大切にできるよう、さまざまな改善に向けて取り組んでいる団体です。日本でケアラー憲章を作成する際に参考となるため、ご紹介します。

以下の10項目が満たされていれば、ケアラーであるあなたにとってよい生活といえるでしょう。

1. できるだけ介護を始める前と同じ生活を続けることができる。
2. あなたの声が届いており、自分の意見や要望を真摯に受けとめてもらえていると感じられる。
3. あなたのケアラーとしての貢献が十分に評価され、尊重されている。
4. 行政担当者や専門職は、あなたの心身の状態を気にかけてくれている。
5. ケアを誰かに代わってもらうための手だてがある。
6. ケアの役割から一時的に離れて自分をケアする機会をもつことができる。
7. あなたは、家族の病気や障害が自分にどのような影響をもたらすかを理解している。
8. 自分と同じ立場のケアラーと出会う機会がある。
9. 行政担当者や専門職とのコミュニケーションをとりやすいと感じている。
10. あなたがケアしていることは、あなたの仕事に必要以上の影響をおよぼさない。

※ケアラーズ・デンマークの許可を得て、英訳版を一般社団法人 日本ケアラー連盟が仮訳し、一部抜粋。

第2章

在宅介護・遠距離介護を始めるまでの流れとポイント

介護の始まり①

1 介護は予測できないことばかり

- まずは、最寄りの地域包括支援センターへ相談を
- 介護について、きょうだいで話し合っておこう

「介護は予測できないことばかり。これが一番精神的にこたえる」家族介護者からはそんな声が数多く寄せられます。

予測できない介護に対して、万全に備えることはむずかしいものがありますが、いざというときのためにも早め早めに介護の情報を集めて知識を得ておくことをお勧めします。

まずは地域包括支援センターへ

初めての介護に直面すれば、誰もがとまどい、あわててしまいますが、介護の最初の一歩は、地域包括支援センターや市区町村の窓口に相談に行くことから始めましょう。

地域包括支援センターという名称を初めて聞く人も多いことでしょう。地域包括支援センターとは、地域の高齢者の生活に関する「総合相談窓口」のようなところ。市区町村に必ず一つ設置されています（p.34参照）。

介護に関する相談はもちろん「今はまだ大丈夫そうだけれど、そろそろ高齢の親のことが心配」

予測できない点が、精神的にこたえる

転倒して骨折した、脳卒中で倒れた、認知症が急にひどくなった……。介護は突然始まって、介護者の生活を一変させることも多々あります。

あわてて介護サービスの手続きをして、ようやく介護生活が落ち着いてきたころに、今度は認知症が進んだり、ケガや病気で突然介護ステージが上がったりすることもしばしばです。

**介護が必要になった
主な原因上位3位**

1位：認知症　18.0％

2位：脳血管疾患（脳卒中）　16.6％

3位：高齢による衰弱　13.3％

（出典）厚生労働省「平成28年国民生活基礎調査の概況」
※熊本県を除いた数字。

といった、介護が必要になる以前の心配事や困り事の相談にものってくれます。

特に親と離れて暮らしている場合は、いざというときにあわてないようあらかじめ親が住んでいる地域の介護サービスの情報を調べておくことが大事です。

どこで誰が介護するのか？ また、介護費用はどうする？

親の介護の心配が出てきたら、主な介護者には誰がなるのか、介護の分担をどうするか、介護費用の問題も含めてきょうだいで話し合っておきましょう。

あとあとになって揉めないためにも、延命治療に対する親の考え方や遺産相続のことなどたとえ話しにくい内容であっても、お互いに率直な意見を出し合って話し合っておくことは大事なことです。

母の好きな口紅の色

介護が必要になった理由

▼

自宅でやけどして入院。退院後、認知症と判明。同時に近隣トラブルなどが発覚したため（60代女性、96歳の親を介護、介護歴11年）

（母が）心疾患、精神疾患。父のために同居して介護している（60代女性、87歳の親を介護、介護歴15年）

母と叔母を介護している。叔母は6年前から人工関節の手術を受け現在は自力で立てない。母は5年前からアルツハイマー型認知症と診断されたため（40代男性、80歳、83歳の母と叔母を介護）

親ときょうだいを介護。きょうだいは知的障害、身体障害。親は軽度認知症、腎不全のため（40代女性、80歳の親と41歳のきょうだいを介護、介護歴25年）

心臓病、がん、脳梗塞、高齢弱体化のため（50代女性、84歳の親を介護、介護歴4年）

母が2020年夏に心疾患→手術後脳梗塞になり失語症が残った。母の入院中に、父の認知症とアルコール依存症が進んだ（40代女性、79歳の父親と76歳の母親を介護、介護歴1年）

押しつけ合う子ども達

自分が主介護者になった主な理由

同居の父と弟は当初認知症の知識がなく、母への理解が乏しかったため（50代女性、77歳の親を介護、介護歴4年）

姉は他県に住んでいるため（60代女性、87歳の親を介護、介護歴15年）

一緒に住んでいるから（50代男性、81歳の親を介護、介護歴3年）

夫婦だから（80代男性、83歳の妻を介護、介護歴3年）

自分が親と同居しているため。姉と弟は感染症のまん延による影響を恐れて近づかない（40代女性、79歳の父親と76歳の母親を介護、介護歴1年）

一人っ子で未婚。子どももいないため（50代男性、88歳の親を介護、介護歴3年）

ほかに家族がいないため（60代女性、88歳の親を介護、介護歴7年）

男きょうだいで家事がまったくできず、要介護者は母で女性のため息子の介護に抵抗がある。また男きょうだいは、彼自身が病弱なため（介護の）協力は期待できない（60代女性、91歳の親を介護、介護歴13年くらい）

家族の中で自分以外に介護できる人がいないから（40代女性、80歳の親と41歳のきょうだいを介護、介護歴25年）

家族だから。親族は不仲（50代女性、84歳の親を介護、介護歴4年）

認知症をきっかけに親と同居することになったため。姉は既婚、私は未婚というのも理由の一つ（60代女性、96歳の親を介護、介護歴約15年）

介護の始まり②

2 介護で初めに相談する地域包括支援センターってどんなところ？

- 地域にある介護のよろず相談室のような存在
- 介護が始まる前の困り事も気軽に相談を

地域包括支援センターは、介護のよろず相談室

地域包括支援センターとは、高齢者の暮らしを地域でサポートするための拠点として、各自治体に設置されている機関のことです。その多くが民間委託で、社会福祉法人、社会福祉協議会、医療法人などが市区町村から委託を受けて運営しています。

地域包括支援センターには、ケアマネジャー・社会福祉士・保健師など3つの専門職、またはこれらに準ずる者が必ず配置されていて、医療や保健などさまざまな領域の関係機関と連携し、高齢者の生活課題に対応しています。

地域包括支援センターでは、具体的には以下の4つの業務を行っています。

①介護予防ケアマネジメント
②総合相談
③包括的・継続的ケアマネジメント
④権利擁護

介護未満の相談も

まず活用したいのが高齢者の各種相談に幅広く対応してくれる「総合相談」。「高齢の親の一人暮らしが心配」「親が認知症かもしれない」などさまざまな困り事の相談にのってくれて、必要なサービスや制度を紹介してくれます。

また介護保険サービスの相談や介護保険の申請窓口も担うなど介護者の力強い味方になってくれます。

居住地の地域包括支援センターの場所がわからない場合は、市区

町村のWebサイトで確認したり、市区町村の介護保険課や高齢福祉課、障害福祉課などで相談を。

また厚生労働省の介護サービス情報公表システム（https://www.kaigokensaku.mhlw.go.jp/）では、地域包括支援センターのほか、生活支援等サービス、認知症に関する相談窓口、有料老人ホーム、医療機関などをまとめて検索できるので、活用してください。

地域包括支援センターで行う業務

①「介護予防ケアマネジメント」（介護保険の申請、介護予防等）

高齢者が要介護状態にならないように介護予防支援を行う、また要支援・要介護状態になった場合は、その悪化をできる限り防ぐために支援を行う。事業者等関係機関との連絡調整も行ってくれる。

②「総合相談」

地域で暮らす高齢者や家族から、医療や介護、福祉、健康など生活に関するさまざまな不安や困り事の相談を受け付けている。介護保険やその他の保健・福祉のサービスの紹介や利用手続きの支援も行う。

③「包括的・継続的ケアマネジメント」

高齢者が住み慣れた地域で安心して暮らすことができるよう、さまざまな職種や機関と連携するためのネットワークづくりを行う。また、地域のケアマネジャーが円滑に仕事をできるようケアマネジャーへの助言や支援等を行う。

④「権利擁護」

高齢者に対する詐欺や、悪徳商法などの消費者被害へ対応するほか、成年後見人の紹介、高齢者虐待の早期発見や防止に努めるなど、高齢者が地域で安心して生活ができるように支援を行う。

こんなことで困ったら、
地域包括支援センターにご相談を

- 足腰が弱まって寝たきりが心配
- 物忘れがひどい。認知症かも？
- かかりつけ医がいない。医療機関を教えて
- 要介護認定はどうやって受ける？
- 介護保険サービスについて知りたい
- 介護保険を使って家を改修したい
- 高齢の親は持病があって、不安
- 親の物忘れがひどく財産管理ができずに困っている
- 振り込め詐欺にあってしまった
- 成年後見人について教えてほしい
- 親の介護をしているが、つい大声を上げてしまう

介護の始まり③

3 うちの親、もしかして認知症？

- 認知症は、家族がなかなか気づきにくい
- 違和感を覚えたら、先延ばしにせず早めに相談

認知症は、高齢者にとって身近な病気

厚生労働省によると、2025年では65歳以上の高齢者の5人に1人が認知症になると推計されています。家族は「うちに限って」と思いがちですが、高齢者にとって誰でもかかる可能性のある身近な病気といえるでしょう。

認知症は、脳の病気や障害によって脳の機能がこれまで通りに動かなくなってしまう病気で、記憶や思考能力が徐々に障害されて生活能力が低下していきます。

2016年に厚生労働省が実施した全国調査によると、介護が必要になった理由でもっとも多かったのが認知症でした。

やっかいな「まだら認知症」

認知症はゆっくり進むために、多くの場合、家族はなかなか気づくことができません。また、認知症のやっかいなところは、認知症の症状にばらつきがあることです。それがますます家族を混乱させます。

認知症の症状

中核症状（ほぼ全員に現れる症状）
記憶障害、見当識障害、理解・判断力の障害、実行機能障害、失認・失算・失書　など

周辺症状（本人の性格や環境などさまざまな要因がからみ合って現れる症状）
妄想、徘徊、暴力・暴言、不安・焦燥感、不潔行為、抑うつ、介護への抵抗、食行動異常　など

例えば、こんなことがありませんか？

- □ 何度も同じことを聞いたり、言ったりする
- □ 置き忘れや、しまい忘れが多くなってきた
- □ 身だしなみに無頓着になってきた
- □ 家事をしなくなった
- □ 冷蔵庫に同じ食品が食べ切れないくらい入っている
- □ 慣れた場所で道に迷う
- □ 場所や時間の感覚が不確かになった
- □ 財布などものが見当たらないことを、他人のせいにする　など

物忘れが激しいかと思うと、いやにしゃっきりするときも。認知症は症状に波があるのがやっかいなところですね。

例えば、物忘れが激しくなってさっき言ったことを忘れてしまっても、他人との会話では普通に受け答えができたり、むずかしい本を読むこともできます。

また、今日トイレに行けなくなっても、翌日は平気で行けたり、3日後にはまた行けなくなるといったこともあります。

そのため、いつもと違う症状が現れても「今日はたまたまそうなのかも」と症状の変化を見送ってしまいがちです。

変だなと思ったら、すぐに相談を

認知症の症状は、決してよくなることはありません。行きつ戻りつしながらも、階段を下るように徐々に進行していくことがほとんどだといわれています。

家族が「やっぱり変だ」と気づいたときには、認知症がかなり進行していることが少なくありません。このため、早めの診断・治療が大事だといわれています。

認知症と思われるサインがあったり、気になる症状が現れたりした場合は、小さな違和感であっても放置しないことです。医療機関を受診したり、介護保険サービスを受けている人はケアマネジャーに伝えるなどして、次の行動にうつすことが大事です。

早期に治療をすれば、それだけ本人らしく暮らす期間を延ばすことができます。

もしかして「認知症？」と気づいたきっかけ

冷蔵庫に同じ食材がぎっちり詰まっていたのを発見したとき。公共料金の支払いができなくなったとき、何度も同じ話を繰り返したとき。別居だったので月に1～2回会うくらいでした（50代女性、77歳の親を介護、介護歴4年）

短期記憶がなくて、お財布がない、お金がないと言い出したとき（60代女性、88歳の親を介護、介護歴7年）

2016年1月下旬ごろ、死んだ父親のことで「お父さんは今どこにいるの？」と聞かれたとき（50代男性、親を介護、介護歴5年）

当時はまだしっかりしていた母が「お父さん、変」と短期記憶が消えていることを指摘してきた。その母も父と一緒に（認知症の）検査をしたときに、医師から「お母さまもいずれね……」と言われた。その言葉通り、父が亡くなってから徐々に症状が出てきた（60代女性、91歳の親を介護、介護歴13年くらい）

探し物をしていることが増えたとき（50代男性、92歳の親を介護、介護歴7年）

母が現在の日付を理解していなかったとき。浪費が激しかったとき（40代男性、80歳、83歳の母と叔母を介護）

「電話で話していておかしい」と兄に言われたのがきっかけ（50代男性、81歳の親を介護、介護歴3年）

カレーパーティー

何度注意しても同じことを繰り返すようになったとき。人の話をちゃんと聞いていないため、ミスが多い、身の回りのことができなくなった。面倒くさがる（40代女性、80歳の親と41歳のきょうだいを介護、介護歴25年）

乗り物の利用がわからず、帰りが遅くなったとき（80代男性、83歳の妻を介護、介護歴3年）

母の入院中父の暴力行為が激しくなり、やむを得ず認定調査を受けさせたら、認知症だけで「要介護1」が出た（40代女性、79歳の父親、76歳の母親を介護、介護歴1年）

介護の始まり④

4 認知症の親に、受診を「うん」と言わせるコツ

- 受診を無理強いすると、こじれるので要注意
- 受診を勧めるときは、本人のプライドを尊重する

受診は双方にとってストレス

家族が認知症に気づいて、病院に連れて行こうとしても、本人が受診をがんとして拒むことが少なくありません。しつこく勧めると怒り出すこともあります。本人はどこも悪くないと思っているのですから「嫌なものは嫌」なのです。

一方で物忘れによる失敗が重なると、本人もおかしいと不安を感じ始めるといいます。認知症と診断されるのは、本人にとってもつらいことです。認知症が疑われるときは、家族にとっても本人にとっても大きなストレスになることは間違いありません。

受け入れやすい理由をつくる

こんなときには、無理強いをしたり、うそを言って連れ出したりしないことが大切です。信頼関係が崩れてぎくしゃくしてしまうことになりかねません。

それよりも、本人が受け入れやすい理由で受診を勧めるとうまくいくことが多いようです。また、最初はふだんの様子を知っている、かかりつけ医を受診したほうがスムーズにつながるようです。

その際、事前にかかりつけ医に認知症の疑いがあるので受診したい旨を連絡して、要介護者には、湿疹があるから先生にみてもらいましょう、などと言って受診を勧めます。風邪や体調不良をきっかけに受診するのもよいでしょう。また介護者が「私の受診に付き合って」と同伴を頼むのも一つの方法です。

かかりつけ医が、うまく検査に

結び付けてくれたり、認知症の専門医につなげてくれます。家族の勧めは拒否しても、医師が促すと案外素直に専門医のもとに行ってくれることが多いものです。

専門家チームに支援を頼む方法も

なお、かかりつけ医がいない場合や、受診に結び付けられないときなどは、市区町村の相談窓口や地域包括支援センターなどで相談を。

各市区町村には、認知症の専門医や専門知識をもつ保健師や看護師、介護福祉士などからなる認知症短期集中支援チームが配置されています。支援チームが、認知症や認知症の疑いがある家庭を訪問して困り事を確認し、適切な医療や介護サービス利用につなげるための支援を最長6か月にわたり集中的にしてくれます。

認知症の受診の流れ

①かかりつけ医に相談（いつから、どんな症状があるかをメモして持参する）
②専門医を紹介してもらう
③専門医のもとで認知症の検査・診断
④地域包括支援センターに相談する
⑤介護保険サービスを利用して介護がスタート

認知症の人に受診を促すコツ

- いきなり専門医のもとに連れて行こうとせず、まずはかかりつけ医に相談
- 健康診断に誘う
- 家族介護者の受診に付き合ってほしいと頼む
- 訪問診療（往診）を利用する
- 地域包括支援センターに相談すると、医療につなげてくれる

やってはいけないこと

- **自尊心を傷つける**
  （例）「最近おかしいよ（物忘れがひどいよ）。認知症かどうか病院で診てもらおう」
- **無理強いする**
  （例）「何としてでも病院に連れて行くよ」「もうわがまま言わないで！　絶対病院に行って！」
- **だまして受診させる**
  （例）「ちょっと買い物に出かけよう」

認知症検査を受けるには

認知症の受診。うちの場合はこれで「うん」と言ってくれた

「健康診断だよー！　私も一緒に受けるからね!!　いいお医者さんを紹介してもらったの」と言いました（50代女性、77歳の親を介護、介護歴4年）

「MRIはおもしろそうだよー」と誘った（60代女性、88歳の親を介護、介護歴7年）
※頭部MRIは認知症検査の一つ。認知症との関係が深いとされる脳の萎縮の有無を判定する。

気づいた日から8か月かけて説得して受診してもらった。「健康診断を受けよう」という言葉で（50代男性、親を介護、介護歴5年）

当時テレビでやたらと認知症が取り上げられていたので、認知症の疑いのある父に「最近お母さんは言葉が出にくい。検査を受けさせたい。お父さんが『一緒にやるから』と言ってくれたら行くと思う」と言った。父本人の検査なのだけれど、父は「妻の付き添いで行く」と思い込んで受診・検査。その結果、父だけでなく母も認知症の可能性大と判明。二人ともか……とショックでした（60代女性、91歳の親を介護、介護歴13年くらい）

夫婦二人で

最近の妻の様子が気になって…
俺たちも念のために、認知症の検査を受けないか？
そうね！二人で受けるなら
いいわよ！
健診
軽い気持ちで受けたのだが…
やはり、妻は認知症だった。
当然、妻はショックを受けた。
しかし…
認知症だからって、なにもかもがおしまいなわけじゃない。
そう、君の笑顔を守るために…
二人で支え合って
できることは、たくさんある
はずだから。

私が受診させようとしても反発するばかりで嫌がるが、ケアマネさんが身体の状況を把握するため、受診して結果を知りたいと言っていると話すと、しぶしぶ受診してくれた（40代女性、80歳の親、41歳のきょうだいを介護、介護歴25年）

夫婦二人で受診したのでうまくいった（80代男性、83歳の妻を介護、介護歴3年）

もともと風邪などで行っていた地域のクリニックに「入院している母のことで必要」と言って、認知症の疑いのある父を連れて行った。父の暴言、暴力、問題行動は、事前に書面で医師に伝えた（40代女性、79歳の父親、76歳の母親を介護、介護歴1年）

健診に行こうと言って病院に連れて行き、脳のMRI等の検査をして、即、認知症と診断された（70代男性、74歳の妻を介護、介護歴自宅で5年、グループホームで5.5年）

サービス利用までの流れ①

5 要介護・要支援を受けるまでの手続き

- 介護認定の申請をするのが先決
- 申請から判定まで約30日かかる

介護認定には申請が必要

介護保険は介護が必要な人にその介護費用の一部を給付してくれる制度なので、利用したいものです。

介護や支援が必要と感じたら、市区町村の窓口に要介護・要支援認定申請書と介護保険被保険者証（第2号被保険者は医療保険の被保険者証）等を添えて、「要介護認定」の申請をします。地域包括支援センターやケアマネジャーが代わりに行うこともできます。

まずは地域包括支援センターへ相談に行きましょう。介護保険の説明を受けながら作成を手伝ってもらえて、申請代行も頼めます。

訪問調査員の聞き取り調査

介護申請を行うと、市区町村はすぐに申請者宅に訪問調査員を派遣して、聞き取り調査を行います。このときには、高齢者が一人暮らしであってもなるべく家族がその場に立ち会うようにします。

調査の結果および、主治医意見書の一部の項目はコンピューターに入力されて全国一律の判定方法で要介護度の判定が行われます（一次判定）。

次に一次判定の結果と主治医意見書に基づいて、介護認定審査会による要介護の判定が行われて（二次判定）、要介護度が決まります。

なお、介護認定の申請から判定までに約30日かかるために、突然始まる介護には適していない側面があります。

その間にどうしても介護サービスを利用しなくてはならない状況もあるでしょう。そんなときには地域包括支援センター、もしくはケアマネジャーに必ずそのことを伝えて申請の相談をしましょう。要介護認定を待たずに、暫定的に介護保険サービスの利用ができます。

いったん全額支払ったあと、要介護認定調査の結果が出てから介護保険相当分が返ってくる仕組みです。ただし、思ったよりも軽度の判定だった場合には利用できる上限額が低くなり、超過した分の費用が全額自己負担になるので注意を。認定前に利用する場合は十分に相談して必要最小限のサービスにとどめておくほうが安心です。

介護サービス開始までの流れ

要介護認定の申請

↓

訪問調査

調査員が自宅や施設等を訪問して、心身の状態を確認するための聞き取り調査を行う。

主治医意見書

主治医意見書は、申請書に書いた主治医に市区町村が依頼する。主治医がいない場合は、市区町村の指定医の診察を受ける。

↓

一次判定

訪問調査の結果と主治医意見書の一部の項目は、コンピューターに入力され、全国一律の基準で判定が行われる。

↓

二次判定

一次判定の結果、主治医意見書、認定調査における特記事項などに基づき、介護認定審査会による要介護の判定が行われる。

↓

要介護の認定

申請から認定までは平均1か月程度かかる（地域によって1～2か月かかることがある）。

↓ 通知

ケアプラン作成

ケアマネジャーとサービス計画を作成（毎月見直される）。

↓

契約

サービス事業者と契約が開始される。 → **介護保険サービス開始**

6 介護ストレスと「要介護度」は必ずしも比例しない

- 介護が大変でも、介護度が低いことがある
- 認知症の場合、サービスだけではまかなえないことも

病気と要介護度の関係

介護の認定を受けたけれど、思ったよりも認定区分が低かった人もいるでしょう。要介護度によって利用できるサービスが違ってくるので、がっかりすることも多いものです。

実は要介護認定は「どのような介護が、どれくらい必要か」といった介護サービスの必要度を判定するものです。

ですから、例えば末期がんなどの重い病気があっても、食事や排泄などが自分でできるようなら要介護度はそう高くはならないのです。

介護の大変さは要介護度では決まらない

また要介護者が認知症の場合は、要介護度の高さと介護の大変さが一致しません。

認知症の初期から中期には、徘徊や迷子、妄想、幻聴、せん妄、物盗られ妄想などの症状が起こることがあります。

介護の負担が大きくなって、家族介護者から「心身のストレスがひどくて、限界に近い」という訴えを聞くのもこのころです。

しかし、要介護者は認知症があっても身体的には不自由がないことが多いために、要介護認定では低い要介護度にとどまることが少なくありません。

要介護の認定が低い区分の場合は、必要な介護が限度額オーバーで受けられないことがありますから、家族は慣れない介護でヘトヘトになり、要介護者にあたってしまうこともしばしば起こります。

要支援と要介護について

	高齢者の状態	利用できるサービス	要介護状態の区分
要支援	日常生活動作をほぼ自分で行うことが可能だが、一部支援が必要な状態。	生活習慣の見直しや運動などによって、要介護状態になることを予防するための介護予防サービスを利用できる。	要支援1
			要支援2
要介護	日常生活上の動作を自分で行うことが困難で、何らかの介護を要する状態。	日常生活に必要な介護サービスを利用できる。	要介護1
			要介護2
			要介護3
			要介護4
			要介護5

介護度軽い ↕ 介護度重い

※非該当で自立と判断された場合は、介護保険のサービスは受けられないが、介護予防や自立した生活を支援する観点から地域支援事業が利用できる。

その影響で要介護者の精神状態が不安定になって、攻撃的になったり、症状が進んだりすることになりかねません。それがまた家族介護者の負担を増やすという悪循環を生みだします。

反対に認知症が進行してほとんど寝たきりの状態になると、全面的な身体介助が必要になりますが、徘徊などがなくなるため、「精神的なストレスが軽減した」と感じる人もいます。

介護の保険サービスではまかなえない部分も出てくる

要介護度は介護の必要性を量る「ものさし」とされていますが、要介護認定が決まって介護保険サービスの利用が始まっても、不足するサービスや支援の届かない部分が出てくることも覚えておきましょう。

7 どこの事業所に頼めばいい？

●事業所選びは口コミが参考になる
●ネットワークを広げて情報を集めよう

頭が痛い事業所選び

介護サービスを受けるためにまず必要となるのがケアプラン（介護サービス計画書）です。ケアプランは、居宅介護支援事業所に属しているケアマネジャー（介護支援専門員）に作成を依頼します。ケアプランができて初めて介護サービスが受けられます。

担当のケアマネジャーを決めるときには、地域包括支援センターや市区町村の介護保険課に相談します。窓口に行くと居宅介護支援事業所一覧または、『ハートページ』という冊子があります。その中から介護事業所を選びます。介護初心者としては「この事業所に所属しているケアマネジャーがいいですよ」と教えてほしいところですが、公的な職員ですから特定の事業所を優遇するようなことは言えないのです。

居宅介護支援事業所は数多く存在しています。事業所一覧を手に「どこに頼めばよいかわからず、途方にくれた」という声もよく聞きます。

口コミなどの情報収集が大事

居宅介護支援事業所の選び方は人それぞれです。

リストの頭から電話をして、その対応の良しあしで選ぶ人もいますし、すぐに対応してもらえるように家から近い事業所を選んだり、併設しているデイサービスやホームヘルパーサービスを目安に事業所を選ぶ人もいます。

よいケアマネジャーを選ぶには、信頼できる病院やクリニックに紹介してもらったり、すでに介

居宅介護支援事業所（ケアマネジャーを配置している事業所）のサービス内容

- 要介護認定の申請や更新手続きの代行
- 介護や介護保険に関する相談
- 自宅で適切なサービスを受けられるように、ケアプランの作成
- 介護サービス事業者や地域の医療機関、施設、行政など関係機関との連絡・調整

居宅介護支援事業所を選ぶときの目安

①**自宅から近い事業所を選ぶ**：地域の介護や福祉の事情に通じているので、介護サービスの情報が手に入りやすい。いざというときにも近いと安心。

②**「特定事業所加算」を受けている事業所を選ぶ**：「特定事業所加算」とは、質の高いケアマネジメントを実施している居宅介護支援事業所に対して算定される加算。加算を取得した事業所は、緊急時対応が要介護者に明示されるのでいざというとき安心。

③**併設サービスがあるか**：利用したいデイサービスがある場合はそこを併設している事業所を選ぶという考え方があるが、デイサービスの不満が言いにくくなるデメリットも。しかしこの場合もほかのデイサービスを選ぶことができる。

護サービスを利用している友人・知人の口コミを参考に探すのが近道です。

地域介護者の会でもさまざまな情報が集められる

また、地域の介護者の会などに参加することをお勧めします。

地域の介護者の会については、地域の保健センターや地域包括支援センターなどで情報が集められていることが多いので、相談するとよい情報が得られることが多くあります。

ケアプランは事業所に所属するケアマネジャーの質によって大きく変わります。事業所の情報はできるだけ収集して選ぶことをお勧めします。

ケアマネジャー選び②

8 ケアマネジャーの得意分野にも注目を

- ケアマネジャーによっても得意分野が異なる
- 得意分野を活かしてもらい、よりよいケアプランを

ケアマネジャーの経歴や資格も考慮に

ケアプラン（介護サービス計画書）の作成やサービス事業者との調整などケアマネジャーは、介護サービスを利用するときになくてはならない存在です。介護のスペシャリストとしてこれから続く介護生活の心強い味方になってくれます。

ケアマネジャーになるには介護福祉士、ホームヘルパー、看護師、社会福祉士など福祉や医療における業務経験が5年以上必要です。言い換えれば、ケアマネジャーはそれぞれがもっている資格や経歴によっても得意分野が異なります。要介護者にとってよりよいケアプランがつくれるように、ケアマネジャーを選ぶときには、経歴や所有する資格も考慮に入れましょう。

得意分野を活かしてもらう

例えば、要介護者に持病があったり過去に大病をしたなど、医療に重点を置いた介護が必要であれば、看護師資格や理学療法士など医療系の資格をもつケアマネジャーがよいかもしれません。医療に関する知識が豊富ですし、体調が変化したときなどは迅速な対応が期待できます。

また、要介護者の身の回りのサポートが大変な場合などは、介護福祉士や訪問介護、在宅看護の経験を持つケアマネジャーを選ぶという考え方があります。訪問介護や在宅看護の経験が豊富なので、知識や経験を活かしたケアプランづくりが期待できます。社会福祉

士の資格をもつケアマネジャーなら、介護保険サービスや補助金制度などについての知識も豊富です。

要介護者の状態や受けたいサービスを検討して、事業所に連絡をする際、こういう分野が得意のケアマネジャーを紹介してほしいと伝えるとよいでしょう。また事業所に連絡して所属するケアマネジャーと面談する際に、得意分野を聞いてもよいでしょう。

ただし、必ずしも希望の資格を持つケアマネジャーが所属しているとは限りません。同じ地域で介護サービスを利用している人の口コミを参考にしたり、例えば医療に強いケアマネジャーを探したいなら、かかりつけ医や病院のソーシャルワーカーに相談して紹介してもらうこともできます。

介護の司令塔でもあるケアマネジャーの得意分野にも注目を!

医療系の資格をもつケアマネジャーの強み

看護師など医療系の資格をもつケアマネジャーを選ぶと、より適切な医療を受けられるプランを作成してくれたり、医療機関との連携などが期待できる。

介護系の資格をもつケアマネジャーの強み

介護福祉士やホームヘルパーなどの資格をもつケアマネジャーは、実務経験が豊富なので、要介護者の介護度が高い場合も、日常生活で必要な支援が適切にケアプランに反映されやすい。

社会福祉系の資格をもつケアマネジャーの強み

福祉だけでなく行政や医療に関する幅広い知識をもっているので、最適な福祉サービスと要介護者を結び付けてくれることが期待できる。

自分たちにとって助けになる経歴をもつ人を選べるとよいですね。

9 ケアプランづくりには積極的に参加しよう

- 「ケアマネにすべてお任せ」はあとで不満の要因に
- 本人も家族も参加して、納得のいくケアプランを

「お任せ」の態度はNG

介護保険サービスを利用するために必要なケアプランは、要介護者と家族のニーズや希望に沿ったサービスを選んで組み合わせて作成されます。

ある程度はケアマネジャーが提案をしてくれますが「介護保険サービスのことはわからないので、ケアマネジャーにお任せします」という考えをしてしまうと、要介護者本人や家族のニーズが反映されないことがあります。

また、介護保険の利用者は要介護者ですから、どうしても要介護者主体のプランになりがちです。しかし、そのために家族の生活が犠牲になるようであれば、在宅介護は厳しくなってしまうでしょう。

ケアプランはサービスを受ける本人も家族も参加して一緒につくる姿勢が大切です。

ケアマネジャーと面談する際は、本人と家族がどのようなサポートを必要としているのかを具体的に伝えましょう（次ページの囲み「ケアプランづくりの際、ケアマネジャーに伝えたいこと」を参照）。

一方で、家族もまたサービスの種類や内容を理解し、自分たちにとって必要なサービスは何なのかを理解しておくことも必要です。

ケアプランは、状況に合わせて常に見直しが必要

なお、ケアプランは常に見直しが必要です。ケアマネジャーは毎月1回以上要介護者宅を訪問して、介護が本人や家族のニーズに合っているものかどうかを繰り返し評価し、必要に応じてケアプラ

ンを見直します。サービスを開始してから見えてくる課題もあるので、ケアプランは利用しながら徐々に修正を加えるものと考えましょう。

常にアンテナを広げてたくさんの情報をもつケアマネジャーなら、要介護者側の困り事に選択肢を示して解決策を考えてくれるでしょう。

ケアマネとの上手な付き合い方

- **わからないこと、不安なことはその場で何でも聞いてみる**：ケアマネジャーと信頼関係を結ぶには、不安を不安のままにしないこと。疑問が生じたらすぐに質問して解決を。特に費用面については、事前にしっかり確認しておくことが大事。

- **要介護者側も、介護サービスについて勉強をしておく**：要介護者自身も介護に関する知識を身につけよう。いざ不満が出た場合にも、漠然と不満を伝えるのではなく、どう変えたいか、どのようなサービスを使いたいかなどを具体的に伝えると、ケアマネジャーも対応しやすい。

- **ケアマネジャーには包み隠さず事情を話して、実情をわかってもらう**：相談業務もケアマネジャーの大事な職務の一つ。日常生活の中で困っていることなどをヒアリングし、助言や支援の準備をしてくれる。家族の事情や介護費用の問題など心配事は一人で抱え込まず、ケアマネジャーに包み隠さず相談して、よりよい対策を考えてもらおう。

ケアプランづくりの際、ケアマネジャーに伝えたいこと

- **要介護者のこと**：生活パターン、趣味・好み、性格、本人が大切にしていること、交友関係、経済状況　など
- **介護者（あなた）自身のこと**：家族の事情（介護を分担してくれる人の有無など）、要介護者にはどのような生活を送ってほしいと考えているか、介護サービスをどこまで利用したいと考えるか、介護費用の心配など不安に思うこと、仕事のこと（仕事の内容や勤務時間、介護に関わる制度や規則が整備されているか、勤務先は介護に理解があるかどうか）　など

10 介護保険サービスはできる限り活用を

- 介護はプロに任せたほうが負担なく続けられる
- 本人も家族介護者も犠牲にならない方法を

介護の実務は抱え込まずにプロを活用する

介護の負担を少しでも減らすためには、介護保険サービスをできるだけ活用することが大切です。

他人が介入することに抵抗がある人もいるかもしれません。しかし、知識も経験もないまま介護を始めると、さまざまな問題に振り回されて右往左往するばかりです。また、例えば食事介助の仕方が悪いと誤嚥《ごえん》事故につながることなどもあります。介護の実務はプロを活用したほうが、要介護者も快適なことがあるのです。

在宅介護は外部の助けが不可欠

要介護者の昼夜が逆転していたり、夜間のトイレ介助などがあったりすると、家族介護者は満足に睡眠がとれなくなります。

こんなときは、地域によっては夜間にホームヘルパーが訪問介護をしてくれる夜間対応型訪問介護を利用することができます。週に1回でも2回でも夜間の介護から解放されて睡眠時間を確保できれば、要介護者に余裕をもって接することができるかもしれません。

介護生活は長期にわたることも多いものです。介護は、要介護者も家族介護者もどちらも犠牲になってはいけません。

経済的に多くのサービスを利用するのはむずかしいこともあるかもしれませんが、可能な限り活用しましょう。介護のプロに任せて少しの間でもリフレッシュできれば、それだけで気持ちが楽になるものです。

居宅介護で利用したい主な介護保険サービス

自宅で利用するサービス

●訪問介護
ホームヘルパーが自宅を訪問して、身体介護や生活援助を行う。

●訪問入浴介護
入浴設備や簡易浴槽を積んだ移動入浴車などで自宅を訪問し、入浴の介助を行う。

●訪問看護
看護師が自宅を訪問し、主治医の指示のもと病状を観察したり、床ずれの手当てなど医療的なケアを行う。

●訪問リハビリテーション
リハビリの専門家が自宅を訪問し、自宅でリハビリを行う。

●居宅療養管理指導
医師や歯科医師、薬剤師、歯科衛生士などが自宅を訪問して、療養上の管理、指導を行う。

●定期巡回・随時対応型訪問介護看護（※）
定期的な巡回や随時通報への対応など、要介護者の心身の状況に応じて、24時間365日要介護者の在宅生活を支えるサービス。ホームヘルパーだけでなく看護師なども連携している。

●夜間対応型訪問介護（※）
ホームヘルパーが夜間に自宅を訪問して必要な介護を行う。「定期巡回」と「随時対応」の2種類のサービスがある。

※「定期巡回・随時対応型訪問介護看護」「夜間対応型訪問介護」は、地域密着型サービス。事業所や施設がある市区町村に居住している人の利用が基本となる。地域密着型サービス以外は他の市区町村にある事業所や施設の利用も可能。

施設に通って利用するサービス

●通所介護（デイサービス）
デイサービスセンターなどで、食事や入浴などのサービスや機能訓練、レクリエーションなどを日帰りで利用できる。

●通所リハビリテーション（デイケア）
介護老人保健施設、病院、診療所などに通い、食事や入浴などの日常生活上の支援や生活機能向上のための機能訓練や口腔機能向上サービスなどを日帰りで受けられる。

宿泊するサービス

●短期入所生活介護（ショートステイ）
介護老人福祉施設などに短期間入所して、入浴や食事など日常生活上の介護を受ける。

●短期入所療養介護
医療機関や介護老人保健施設、介護医療院などに短期間入所して日常生活上の世話や療養、看護、機能訓練などを受ける。

通所・宿泊・訪問がセットになっているサービス

●小規模多機能型居宅介護
要介護者の選択に応じて、施設への「通い」を中心に、短期間の「宿泊」や要介護者の自宅への「訪問」を組み合わせて日常生活上の支援や機能訓練を行うサービス。

●看護小規模多機能型居宅介護
小規模多機能型居宅介護の「通所」「宿泊」「訪問」のサービスと「訪問看護」を組み合わせたサービス。

11 公的サービスの不足分はインフォーマルサービスで補う

- 公的機関や制度以外のインフォーマルサービスの活用を
- ボランティアなどを利用して負担を減らそう

在宅介護において、インフォーマルサービスは必要不可欠

公的な介護保険サービス（フォーマルサービス）は、あくまでも要介護者への援助です。そのため、家族介護者の精神的・肉体的負担がどんなに大きくても家族に対する援助は期待できません。

例えば訪問介護の家事援助では、家族の分の食事づくりや、家族の部屋の掃除、洗濯などの家事代行、日常生活の援助を超えるサービスなどは、原則として受けてもらえません。

居間や浴室、トイレなど家族がみんなで使う部分の掃除も原則として行ってもらえません。

介護保険という公的な制度だけでは不十分で、介護はボランティアや、NPO法人などが提供するインフォーマルサービス（介護保険適用外のサービス）がないと成立しないとまでいわれています。介護保険ではカバーし切れない支援はインフォーマルサービスを利用して、家族介護者の負担を軽減していくことが大切なことといえるでしょう。

インフォーマルサービスは家族介護者自身のためにも大いに活用しよう

インフォーマルサービスは、自治体が独自に行うサービスや民間ボランティア、町内会、民生委員、NPO法人などによるさまざまな助け合い事業や民間企業が行うサービスまで幅広くあります。

例えば、市区町村が行っている独自のサービスとしては、訪問

ケアプランに入れられない生活援助

●**本人の援助に該当しないサービス**：要介護者本人以外の買い物、調理、洗濯、布団干し　など

●**日常生活の援助を超えたサービス**：草むしり・草木の水やり、ペットの世話、家具の模様替え、窓のガラス拭き、床のワックスがけ　など

↓

インフォーマルサービスを活用しよう！

●**訪問理・美容サービス**：理容師、美容師が自宅に来て理・美容を行ってくれる。自治体の助成あり。

●**配食サービス**：食材や食事の配達。コンビニエンスストアやスーパー、介護事業者などさまざまな民間企業が提供している。自治体が料金を一部負担したり、配食時に見守りサービスを組み合わせるケースもある。

●**家事支援、代行サービス**：料理、洗濯、掃除、買い物、犬の世話、話し相手、庭の手入れなど（シルバー人材センターや民間企業などで実施）。

●**洗濯代行サービス**：寝具の丸洗い、消毒など（自治体で行っているところもある）。

●**高齢者見守りネットワーク**：地域住民や民生委員、消防、警察、配食、新聞配達事業者など、地域住民や協力団体、協力事業者、協力機関などでネットワークをつくって見守りを行う。

●**付き添いなどの外出支援**：ボランティア、民間企業、自治体によるサービスがある。

理・美容サービスや紙おむつの支給（または購入費を助成）などがあります。

自治体によってもサービス内容や条件が異なるので、直接問い合わせるか地域包括支援センターに相談しましょう。

また、シルバー人材センターや、社会福祉協議会などが実施する有償ボランティア事業を利用して傾聴サービスや通院介助を利用したり、家族介護者のための家事援助をしてもらうのも一つの方法です。

自治会などのネットワークによる「声かけ・見守り・安否確認」、家族介護者が集う「介護者の会」、認知症の人とその家族が気軽に立ち寄れる「認知症カフェ」もインフォーマルサービスです。

介護サービスの上手な利用法④

12 インフォーマルサービスの情報の集め方

- 地域の社会福祉協議会に相談を
- 情報を常にアップデートして活用しよう

インフォーマルサービスの情報を得るためには、地域の社会福祉協議会に相談するのが一番の近道です。社会福祉協議会では、ボランティアグループや、NPO法人、民間企業のほか、介護者の会など介護に関わる情報を豊富にもっています。

口コミも大事な情報源

高齢者の見守りや助け合いなど、近隣の友人や知人、近所の人の身近な支援も大きな力になります。地域で活動しているサークルやお茶会、サロン、コミュニティカフェなどに参加してみるのも地域の人と知り合える絶好のチャンスかもしれません。

また「介護者の会」や「介護技術勉強会」も、大いに活用することをお勧めします。介護者の会は、ケア仲間との出会いや、経験の交流、情報交換の場でもあります。これから介護がどのように進んでいくのか予想がついたり、自分の話しをすることで介護にかかわる課題がすっきりしたりもします。地域で孤立せずに安心できる居場所を得て、参加そのものが言わば「社会参加」となるのです。

家族介護者の時間も大切に

毎日が介護一色になってしまうと、肉体的にも精神的にもぎりぎりの状態になってしまいます。

介護生活を乗り切るには、公的介護サービスだけでは不十分です。インフォーマルサービスを上手に組み合わせて、家族介護者が息抜きをできる時間をもつことが大事です。心も体もリフレッシュできれば、要介護者への対応にゆとりが出てきます。インフォーマルサービスの情報を得るために

介護度が高くなるほど介護にかかる時間が増える

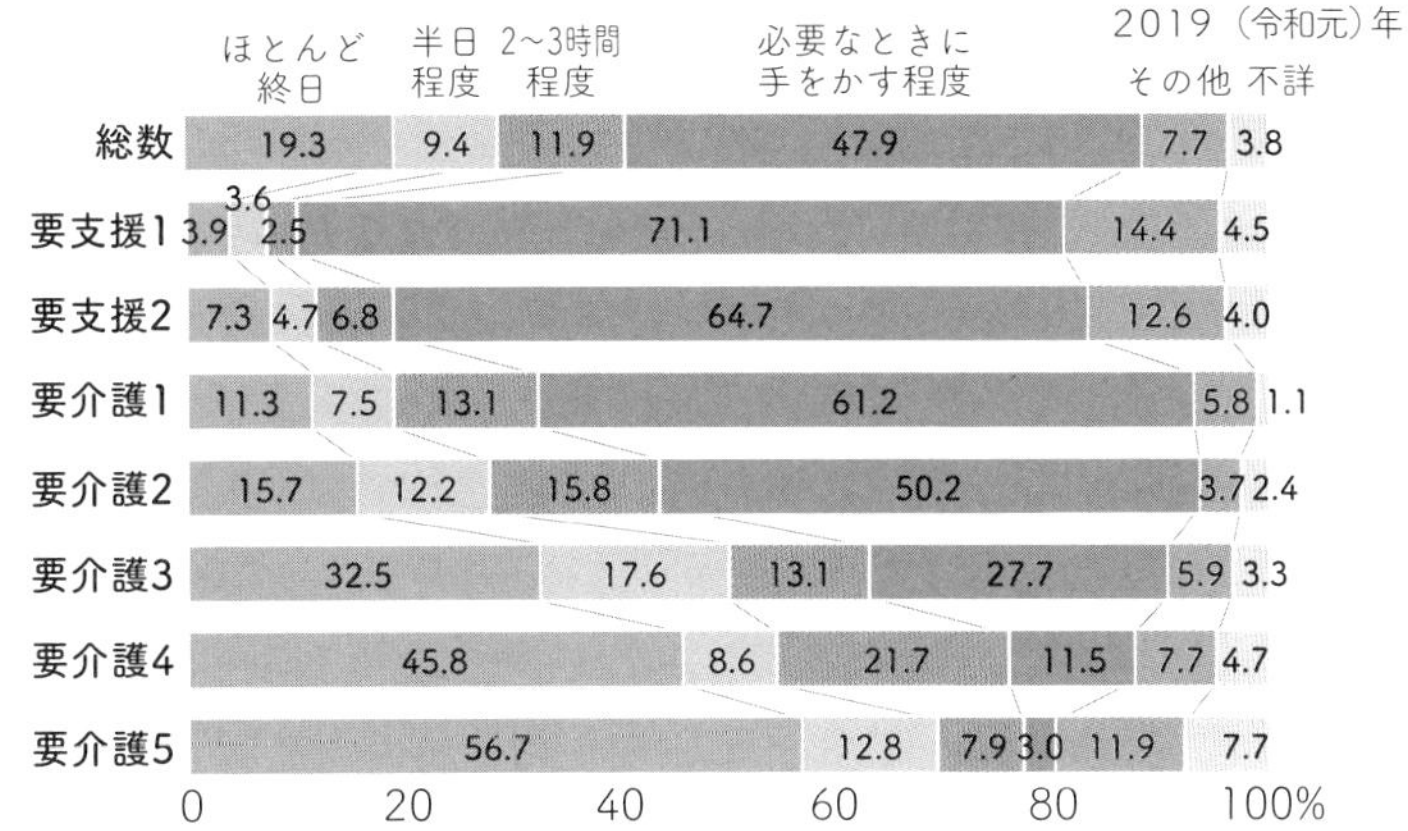
2019（令和元）年
ほとんど終日
半日程度
2~3時間程度
必要なときに手をかす程度
その他
不詳
総数 19.3 9.4 11.9 47.9 7.7 3.8
要支援1 3.9 3.6 2.5 71.1 14.4 4.5
要支援2 7.3 4.7 6.8 64.7 12.6 4.0
要介護1 11.3 7.5 13.1 61.2 5.8 1.1
要介護2 15.7 12.2 15.8 50.2 3.7 2.4
要介護3 32.5 17.6 13.1 27.7 5.9 3.3
要介護4 45.8 8.6 21.7 11.5 7.7 4.7
要介護5 56.7 12.8 7.9 3.0 11.9 7.7
0
20
40
60
80
100%

（出典）厚生労働省「2019年 国民生活基礎調査の概況」

要介護3以上になると「ほとんど終日介護する」と答えた人の割合が急増します。

COLUMN

お勧めは傾聴ボランティア

傾聴ボランティアとは、簡単にいえば相手の話を否定することなくひたすら耳を傾けてくれるボランティアのこと。自宅に来てくれて友人のように話を聞いてくれるので、今度はいつ来るのかと楽しみにしている要介護者も多いようです。

高齢者は会話が減ると言葉が出なくなったり、脳の機能も落ちるといわれているので、脳の活性化のためにもお勧めします。また、孤立しがちな家族介護者自身のためにも活用してください。傾聴ボランティアには守秘義務があり聞き得た情報をほかに漏らすことはないので安心して話せます。有償の場合でも1回の料金は数百円から千円程度など、それほど高額にはならないことがほとんどです。

詳しくは、社会福祉協議会やボランティアセンター、地域包括支援センターなどに問い合わせを。

13 どうなる？介護サービスの利用負担額

- 多くの場合、1割負担ですむ
- 所得の低い要介護者は負担額の軽減措置を受けられる

利用負担額は原則1割

介護保険サービスは「国からの介護給付」と「利用負担額」からまかなわれています。

要介護者は次ページの表にある「支給限度額」を超えなければ、原則介護サービスにかかった費用の1割の負担額を支払います。一定以上所得者の場合、負担額は2割または3割になりますが、ほとんどの場合1割の自己負担額ですんでいるようです。

ただし、居宅介護で利用できるサービスの量（支給限度額）は、要介護度別に定められています。限度額を超えた分は全額自己負担になるので注意が必要です。

ケアマネジャーと相談して、限度額を超えない範囲で必要なサービスを組み合わせてケアプランをつくってもらいましょう。

なお、対象に制限がありますが「高額介護サービス費」や「高額介護合算療養費制度」と呼ばれる制度を利用することで、負担を軽減できる場合もあります。

軽減制度は申請して初めて使える制度です。ケアマネジャーや地域包括支援センターに相談して上手に活用しましょう。

問題は要介護度が進んだとき

要介護度が低いうちは家族介護者が在宅でカバーできても、要介護度が高くなると施設への入居希望が増えます。身体介助の負担が増し介護用具なども高額なものになるからです。

費用が安いとされる特別養護老人ホームは待機者が多く、「申し込んでも入居は数年後になると言

在宅でのサービスの支給限度額

※1か月、1割負担の場合（2021年現在）。

要介護等状態区分	利用者負担（1割の場合）
要支援1	5,032円
要支援2	10,531円
要介護1	16,765円
要介護2	19,705円
要介護3	27,048円
要介護4	30,938円
要介護5	36,217円

※地域やサービスによっては金額が変わることがあります。

毎月かかる在宅介護の費用

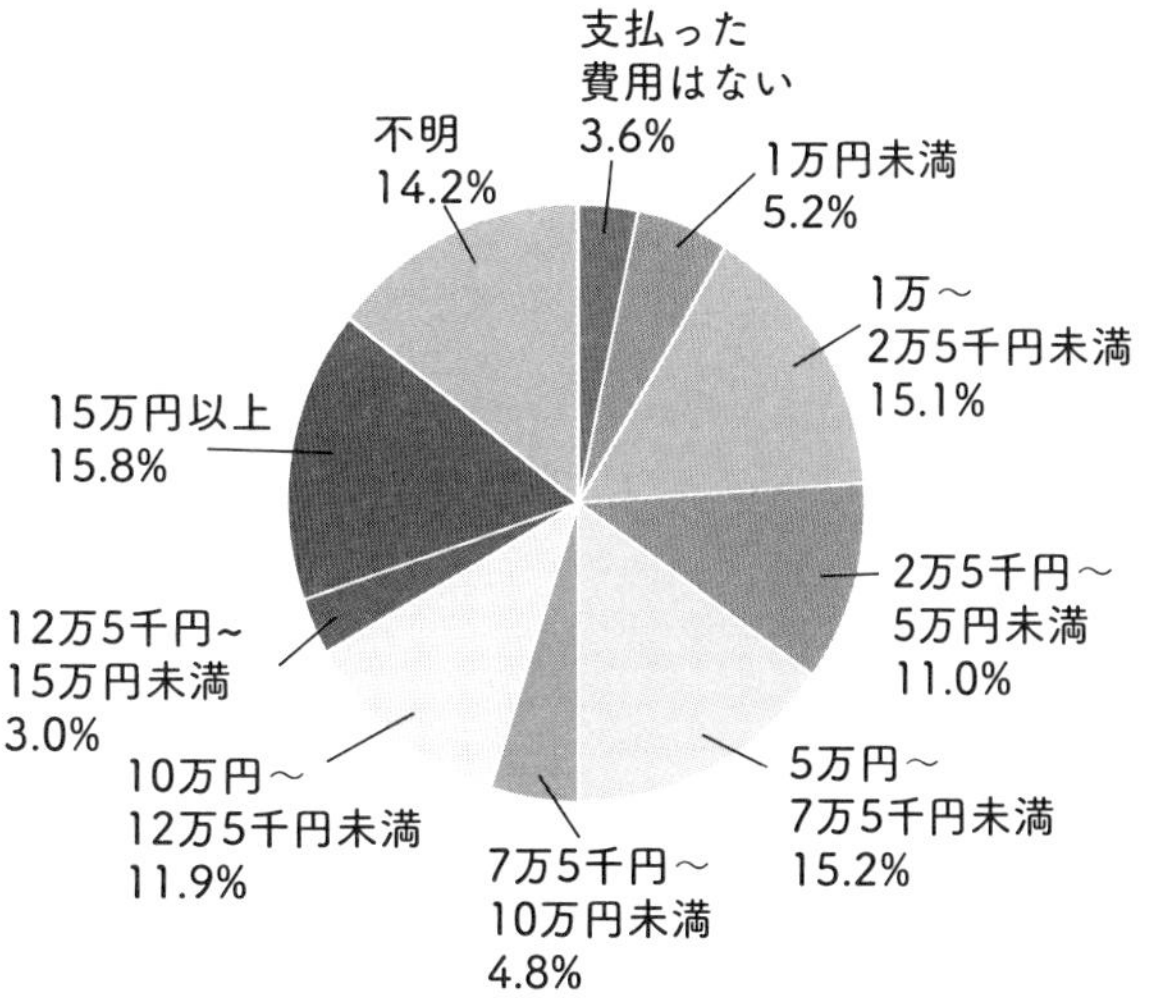
支払った費用はない 3.6%
1万円未満 5.2%
1万～2万5千円未満 15.1%
2万5千円～5万円未満 11.0%
5万円～7万5千円未満 15.2%
7万5千円～10万円未満 4.8%
10万円～12万5千円未満 11.9%
12万5千円~15万円未満 3.0%
15万円以上 15.8%
不明 14.2%

（出典）生命保険文化センター「平成30年度生命保険に関する全国実態調査」（帯グラフから円グラフにデザインを変更）

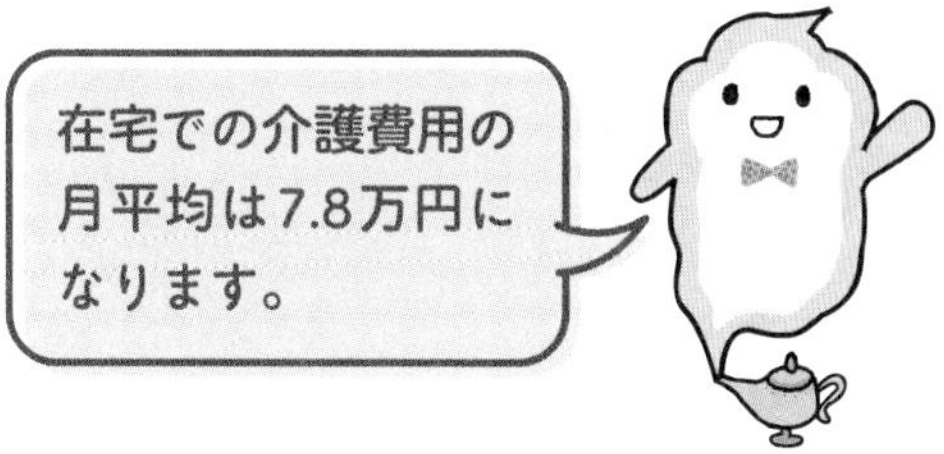
在宅での介護費用の月平均は7.8万円になります。

われた」と聞くこともしばしばです。

　在宅介護の継続が難しい場合、とりあえず介護老人保健施設等のほかの施設に入居して特別養護老人ホームを探し続けることが多いのです。

　老人保健施設のように、入所期間に上限がある場合もあります。そのような場合には、施設から施設へと転々と替わらなければならない事態が起こります。

　経済的に余裕があれば別ですが、そうでない限り、要介護度が高くなってからターミナルケアまでの期間をどこで誰が担うのか、残念ながらこれに対する回答は介護保険制度ではもっていないといってもいいでしょう。

住まいの整備のポイント

14 住まいの環境整備

- 高齢者の転倒事故の半数は、室内で起こる
- 室内チェックをして、転倒防止のための対策を

寝たきりになる原因のトップは転倒事故

要介護者の介護度のステージが突然上がる原因で多いのが、転倒だといわれています。転倒事故は屋外で起こるイメージがありますが、消費者庁によると、高齢者の転倒事故の約半数が住み慣れた自宅で起こっています。

高齢者が転倒すると骨折しやすく、厚生労働省の調査では、骨折は寝たきり（要介護5）になる原因の上位を占めています。

室内チェックをしっかりと

消費者庁の報告によると、電気コードに足をとられたり、カーペットやこたつ、座布団に引っかかったりして転倒する事故も多くみられるそうです。カーペットはできるだけ敷かないこと。こたつ布団は小さめのものにしたり、電源コードは高齢者の通る道に這わせないなど、足をひっかけて転倒する事故が起こらないよう、室内のチェックが必要です。

床に置いた新聞紙やレジ袋で滑って転ぶケースも多いので要注意。スリッパもつまずきやすいので、使わないようにしましょう。

転倒事故を防止するためにも、家の中に転倒しやすい場所がないか、一度しっかりと総点検しましょう。

風呂場や玄関、トイレなどは手すりをつけるだけでも転倒事故防止に効果があるといわれています。また高齢者の自室は、できるだけトイレが近くにあり、階段の上り下りの必要のない場所に移動します。

事故種別にみた高齢者の救急搬送

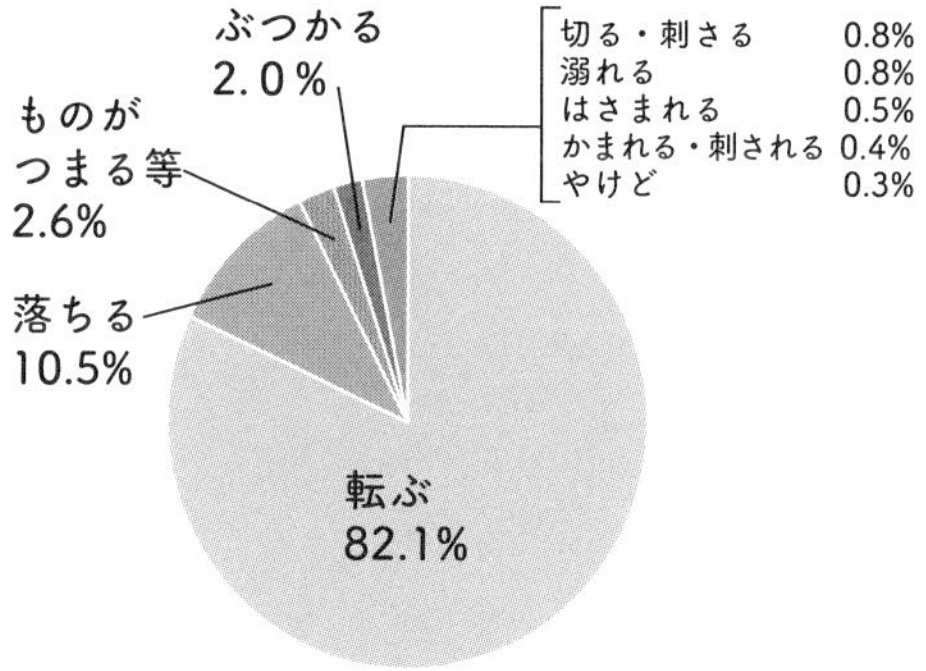

切る・刺さる 0.8%
溺れる 0.8%
はさまれる 0.5%
かまれる・刺される 0.4%
やけど 0.3%
ぶつかる 2.0%
ものがつまる等 2.6%
落ちる 10.5%
転ぶ 82.1%

（出典）東京消防庁「救急搬送データからみる高齢者の事故」

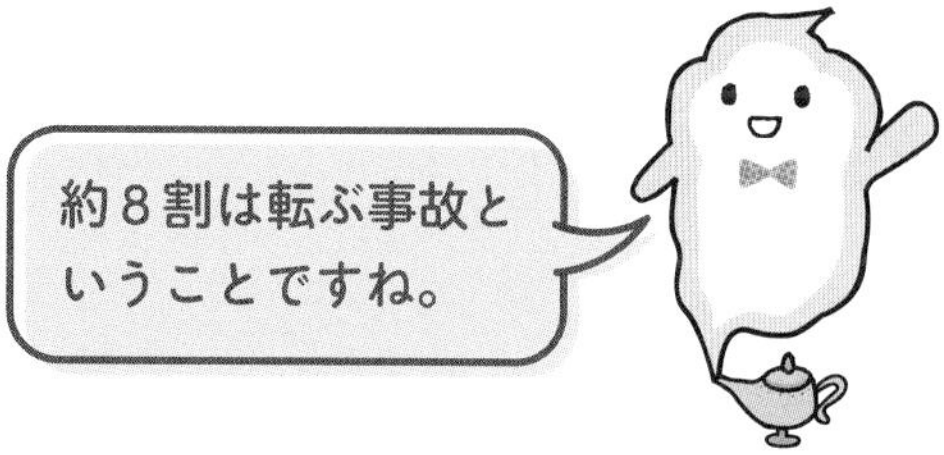

約８割は転ぶ事故ということですね。

自宅で発生した転倒事故の場所と状況

◆転倒の発生場所

「浴室・脱衣所」「庭・駐車場」「ベッド・布団」
「玄関・勝手口」「階段」

◆転倒の状況

「滑る」「つまずく」「ぐらつく」
「ベッド等から移動時に」「引っかかる」 など

（出典）消費者庁ニュースリリース（2020年10月8日）

後期高齢者の転倒事故は前期高齢者の2.2倍にもなります。

小規模な住宅改修なら、介護保険から住宅改修費が支給

転倒事故を減らし要介護者が自宅で安心して過ごすためには、手すりの設置や段差の解消など、住宅の改修も必要になります。

手すりの設置や段差・傾斜の解消、滑りにくい床材や移動しやすい床材への変更、和式便器から洋式便器の取り替えなど、比較的小規模な住宅の改修は、介護保険を利用すると要介護度に関係なく１人あたり20万円を限度に原則９割（一定以上所得者は８割）が支給されます。

住宅を改修することで、要介護者が自分でできることが増え、介護の負担軽減にもつながります。利用できる介護保険サービスは、できるだけ申請したいものです。

15 介護と仕事を両立するために

- 介護前から知っておきたい職場の介護支援制度
- 介護サービスをできるだけ利用することが両立のカギ

介護は待ったなしで始まる

介護と育児は何かとひとくくりにされがちですが、もっとも大きく違うことは、介護は何の心構えも知識もないまま、入院やケガなどでいきなり現実となってふりかかってくることでしょう。そうなれば、仕事の調整もできないまま「待ったなし」で介護が始まります。

急に介護休暇や介護休業などを取らざるを得ないことも多くあります。できればそうなる前に、職場の介護の支援制度の取得手続きをあらかじめ確認しておくことが大切です。

介護の支援制度を要チェック

介護にまつわる休暇制度には、「介護休暇」と「介護休業」があります。「介護休暇」は、時間単位で取得できるため、突発的な介護や通院の付き添い、ケアマネジャーとの打ち合わせなどで短時間の休みが必要なときに活用できます。

一方「介護休業」は、2週間以上にわたる長期的な休暇がとれます。地域包括支援センター、ケアマネジャーへの相談や市区町村窓口での申請手続き、介護サービスの手配などは、介護休業を活用して介護の体制を整えましょう。

テレワークなど独自の制度を設けている会社もあります。人事労務担当や上司に相談しましょう。

介護環境を整える

仕事と介護を両立させるには、介護の環境を整えていくことも大事なポイントです。ケアマネジャ

上手に使いたい「介護休業」と「介護休暇」

	目的・活用ポイント	取得できる日数
介護休暇	時間単位での取得が可能。要介護者の突発的な介護や通院の付き添い、介護サービスの手配などに活用を。	対象家族が1人の場合は年5日まで。対象家族が2人の場合は年10日まで。
介護休業	2週間以上にわたって家族の介護が必要な場合に取得できる。地域包括支援センターや市区町村への相談や介護体制を整えたり、家族で介護の分担を決めるなどに活用できる。	対象家族１人につき3回まで、通算93日まで休業できる。

介護を伴う労働者が利用できる制度

- 介護休業
- 介護休暇
- 所定労働時間の短縮等の措置
- 所定外労働の制限
- 時間外労働の制限
- 深夜業の制限
- 転勤に対する配慮
- 介護休業制度の利用申し出や取得を理由とする解雇などの不利益取り扱いの禁止
- 介護休業等に対するハラスメント防止措置

ーに相談して、介護保険サービスやインフォーマルサービスをできる限り使って調整をしていきましょう。また、家族介護者が疲れ切らないためには介護側が休む「レスパイトケア」（p.142参照）も大事です。上手に活用しましょう。

仕事と介護を両立するには、介護休業制度と介護保険サービス等をできる限り活用することが大事です！
また、介護休業給付金も利用したい給付金の制度です。これは、雇用保険の被保険者が要介護にあたる家族を介護するために介護休業を取得した場合、一定の要件を満たせば原則として給与の67％を受給することができるものです。

16 気になる介護離職のこと

- 介護離職を後悔する人が多い
- 両立できる方法をケアマネジャーに相談

増えている介護離職

超高齢化社会を迎えて、介護離職をする人の数が増えています。

厚生労働省の雇用動向調査によると、2019年に介護・看護を理由として離職した人の数は約10万人。女性は「60～64歳」、男性は「50～54歳」がもっとも高く、女性が約8割を占めています。

しかし、アラジンの介護者の会や電話相談では、介護離職は女性よりも男性介護者のほうが多い印象です。

離職した男性介護者からは「仕事と介護の両立はもう無理だと思った」という声を多く聞きます。

その背景には介護休業や介護休暇を取りづらい職場だったり、介護休業制度を使うことで他の社員に迷惑をかけたくない気持ちがあるのでしょう。

また、親の介護を担うのは40代、50代の働き盛りです。介護休暇をとることで、いわゆる出世街道から外されたり、リストラ対象になってしまうといったジレンマがあるのかもしれません。

働き方を変えたくない

正社員から嘱託に替わったり部署替えを希望する選択もありますが、男性の場合、働き方を変えるくらいなら、辞めたほうがいいといったプライドが強く働くことがあるようです。

また一般的に男性介護者は、親の面倒は自分一人で見なくてはいけないと思い込む傾向があります。こうした思い込みがますます仕事と介護の両立をむずかしくしてしまうようです。

介護を機に仕事を辞めたときの就業継続の意向

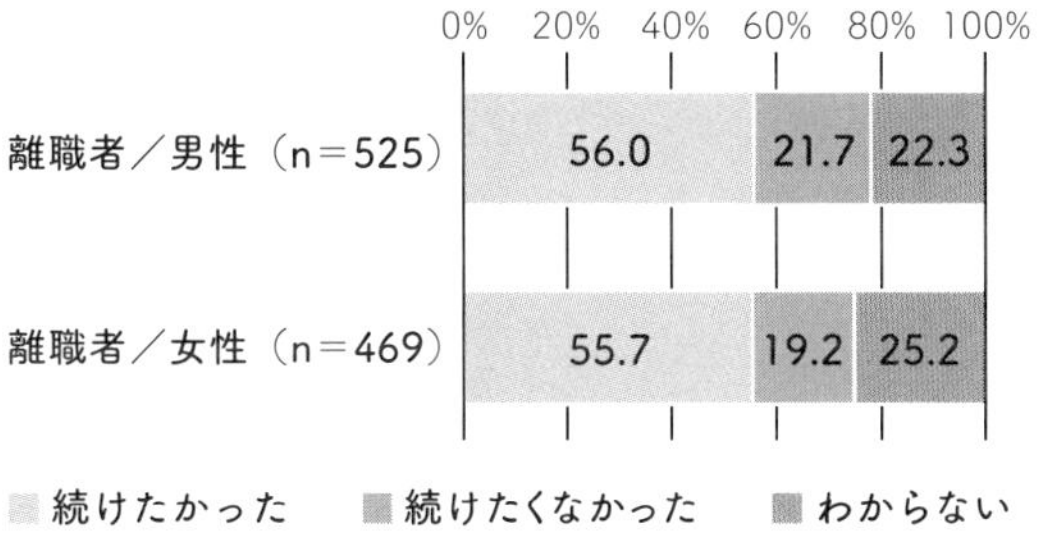

0% 20% 40% 60% 80% 100%
離職者／男性（n＝525）
56.0
21.7
22.3
離職者／女性（n＝469）
55.7
19.2
25.2
続けたかった
続けたくなかった
わからない

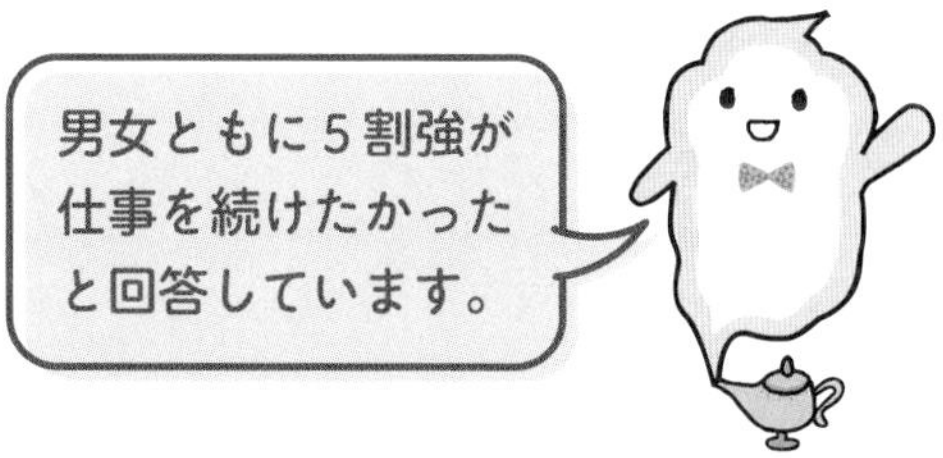

男女ともに5割強が仕事を続けたかったと回答しています。

介護離職後の心、体、経済面の負担の変化

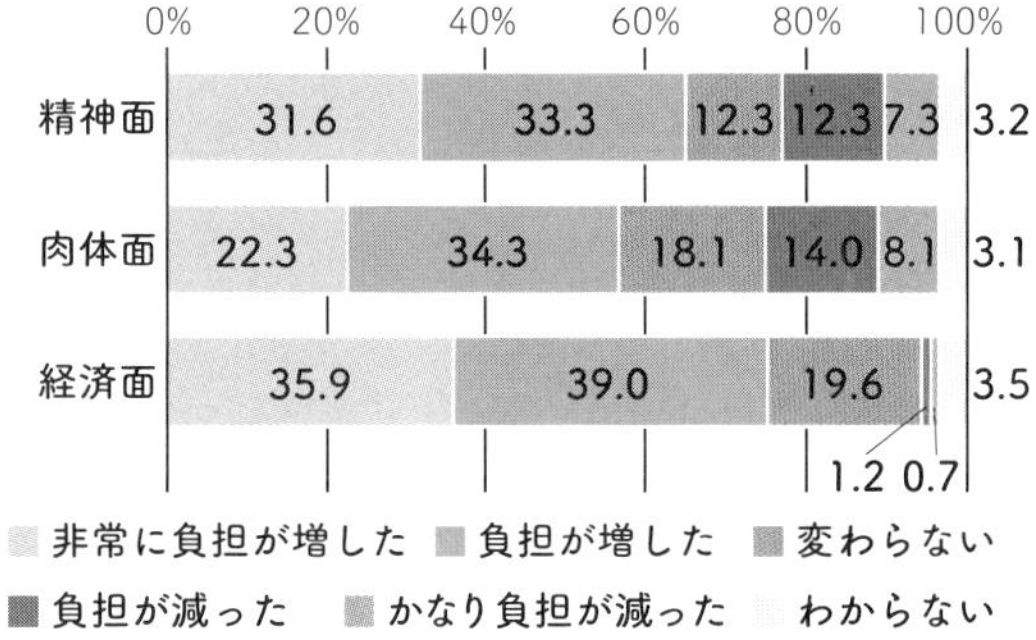

0% 20% 40% 60% 80% 100%
精神面
31.6
33.3
12.3
12.3
7.3
3.2
肉体面
22.3
34.3
18.1
14.0
8.1
3.1
経済面
35.9
39.0
19.6
1.2
0.7
3.5
非常に負担が増した
負担が増した
変わらない
負担が減った
かなり負担が減った
わからない

介護離職後は介護の負担が減るのではなく、むしろ精神的、肉体的、経済的に負担が増したとの回答が多かったです。

（出典）いずれも三菱UFJリサーチ＆コンサルティング株式会社「仕事と介護の両立に関する労働者アンケート調査」（2012年度厚生労働省委託調査）

外部の助けをできるだけ活用

介護離職後は起業して在宅で仕事をしている人もいますが、親の年金と自分の蓄えで暮らすケースが多くみられます。仕事を続けることは、自分の生活基盤を維持するために必要なことです。できるだけ仕事は辞めず、続けられる方法を考えたいものです。

介護離職を避けるために必要なのは、介護を一人で抱え込まないということに尽きます。介護は介護のプロにお願いし、きょうだいにも援助を頼みましょう。どうしても一人で介護をする場合は、仕事と介護の両立で疲弊しないためにもケアマネジャーに十分相談し、ショートステイなどのレスパイトサービス（p.142参照）や、小規模多機能型居宅介護（p.55参照）なども活用しましょう。

17 遠距離介護の始め方

- 事前準備と初動対応が、介護の大変さを左右する
- 地元のケアマネジャーと十分に相談を

遠距離介護は、介護が始まる前からの事前準備が大事

介護をする上で事前準備は重要ですが、特に遠距離介護では、事前準備や初動の対応によって介護におけるその後の大変さが大きく変わってきます。

親のことはわかっているつもりでも、親もとを離れて数十年、その間、経済状態や交友関係など親を取り巻く環境は大きく変わっています。

事前準備としては、親の交友関係や近所付き合いの有無、また介護費用は親の貯金でまかなえるのか、さらに病気や施設入居に対する親の考えなども聞いておくことで、その後の介護の負担も変わってきます。

一方で、遠距離介護では、見守りや安否確認が大きな問題になります。まずは地域包括支援センターに行って相談をし、地元の自治体や民間のサービス（交通機関の割引や見守り機器など）もあるので、調べておきましょう。

準備ができなかったときは、初動が肝心

事前準備が十分にできなかった場合は、初動でしっかり介護体制をつくっておくことが非常に大事です。

遠距離介護では、介護サービスの手配などで仕事を休まなくてはならないことも増えます。周囲や上司に介護が必要になったことを伝えて、緊急時にはほかの人に仕事が頼めるかなど、仕事の調整について相談します。

勤務先の介護支援の制度についても確認しておきましょう。

また、遠距離介護は、親の生活が成り立つように各種のサービスを使って介護体制を整えることが必須です。地元のケアマネジャーによく相談して、プロの手を借りましょう。なお、各自治体では独自の見守りサービスのほか、配食、ゴミ出し、緊急事態サービスなどもあるのでケアマネジャーに確認を。

かかりつけ医や近隣住民、親せき、地域の民生委員などにあいさつに行き、親の見守りをお願いすることも大事なポイントです。いざというときの緊急時の電話番号も伝えておきましょう。緊急時はどうするかということもケアマネジャーと話し合って確認します。

遠距離介護の場合も、介護マネジメントが大きなかなめになります。

遠距離介護の4つのメリット

①**介護サービスを利用しやすい**：遠距離介護は、同居をしないことで、家事支援などの公的な支援を受けやすくなる。また、親が脳梗塞を起こしたときや認知症では、施設への入居という選択肢もある。高齢者のみの世帯では特別養護老人ホームへの入所も有利になる。

②**気持ちの切り替えができる**：同居介護と違って四六時中要介護者のお世話をするわけではないので、気持ちの切り替えをしやすい。またときどきしか会えないので、要介護者にやさしい気持ちで接することが容易になる。

③**身体的な負担が減る**：遠距離介護は通うのが大変だが、介護をプロに任せるので家族介護者の睡眠不足や疲労といった身体的な負担が減る。

④**環境を大きく変えないですむ**：住み慣れた住環境を変えるのは、家族介護者にとっても要介護者にとっても大きなストレスに。家族介護者が介護のために帰郷して転職した場合は、収入も大きく減ってしまうこともある。これまでの暮らしを変えないですむのは、双方にメリットがある。

移動に時間とお金はかかるけれど、遠距離介護のメリットも大きいですね。

遠距離介護・私の場合

緊急時は民間のショートステイを利用

短期記憶がないなど、一人暮らしの母の様子がおかしく認知症らしいと思い、同居を決めました。しかし家探しなどに時間がかかったので、しばらくの間遠距離介護をしました。認知症になり判断力が低下すると、財産管理や介護サービス等の契約を結ぶことがむずかしくなります。そこで、まず公証役場へ行き代理人契約の締結を行いました。また、遠距離介護の期間、親の郵便物を私の住まいに転送する手続きもとりました。
緊急時は民間のショートステイを探して泊まってもらったり、また、親もとには土日しか行けないため、平日のゴミ出しや病院の受診の付き添いなどに苦労しました。遠距離介護の旅費も大きな負担でした。

【先輩からのひとこと】認知症の場合は、本人の判断力があるうちに本人の希望を聞くこと。また、自分ができないことは、無理せず「できない」ということが大切だと思いました。

（60代女性、88歳の親を介護、介護歴7年）

過労で倒れそうになり、仕事を辞めた

約2年半弱、週末だけの遠距離介護をしていました。多忙な仕事だったため、途中で自分が過労で倒れそうになりました。仕事と介護の両立は不可能と判断して、仕事を辞めました。（現在はもっと負担の軽い仕事に従事中）。

【先輩からのひとこと】当時そういう制度はありませんでしたが、今ならテレワークを利用するなどして本業を捨てないこと。または、両立がむずかしいと思ったら潔くあきらめて、これもまた人生と考え、介護同居に振り切るのも現実的ではあると思います。

（50代女性、84歳の親を介護、介護歴4年）

第3章

「介護の困った」の乗り切り方（先輩からのアドバイス）

要介護認定のコツ①

1 要介護認定調査のとき、日ごろと違って本人がシャンとしてしまう

- 大事なのは、ふだんの様子を具体的に伝えること
- 認定には、医師の意見書も大事なポイントになる

日ごろと言動が違っても大丈夫

要介護認定調査の際、要介護者が急にしっかりした言動をとって、家族をハラハラさせるケースはよくあることです。

これによって要介護度が低くなってしまうのではと心配になりますが、要介護度の認定審査は、聞き取り調査の結果がすべてではありません。必ず主治医の意見書が判定資料として用いられます。

また、基本的には介護認定調査員も、こういう事態には慣れています。

それよりも大切なのは、認定調査員の質問に対して、家族が要介護者の日ごろの様子を具体的に、ありのまま伝えられるかということです。

伝えもれがないように、介護認定調査員に伝えたいことを、ノートなどにあらかじめ箇条書きにして準備しましょう。

問題行動は撮影して、認定調査員に当日見せる

また、「夜中に暴れたり大声を出す」といった要介護者の精神面の困り事も介護認定では重要なポイントになります。

要介護者が精神的に不安定な場合は、介護者の負担も増大します。最近では、介護者の精神的な負担面も認定調査に加えるようです。

問題行動は、言葉では調査員には伝わりにくいことが多いものです。こんなときは、スマートフォンなどで撮影して調査員に見せるとよいでしょう。

認知症で混乱がある場合なども、同様です。

要介護認定調査・準備編
準備しておきたい2つのポイント

ポイント①：「どのような状態で、どんなときに不都合があるのか」困り事や心配事をありのまま具体的に伝えよう！

ポイント②：次のように箇条書きにしておくと伝え忘れがない。言葉で伝えにくい場合は、撮影してありのままの姿を調査員に見てもらう！

日常生活の様子

・関節痛で膝が痛んで曲げにくいため和式トイレが使えない
・洋式トイレも手すりがないと使えない
・薬を渡さないと飲めない
・自分で起き上がるのはむずかしくて、いつも家族が支えている
・足腰が弱くなって、入浴時、一人では浴槽をまたげない
・一人で入浴するが実際に体を洗っているかは怪しい
・上着を後ろ前に着たりボタンを掛け違えるなど、着替えが正しくできていない
・リモコン操作がわからない。テレビやエアコンがつけられない
・夜中に目覚めて動きまわる。大声で家族の名前を呼ぶ　など

要介護者の精神面

・ささいなことで不機嫌になる、イライラする、怒る
・こんなときに不安になる、落ち着かなくなる
・こんな状況で暴言・暴力が出る　など

医師の意見書の依頼は主治医を味方につけよう

介護認定において、医師の意見書は大きな比重があると聞きます。主治医には現状をしっかり伝えて、意見書を書いてもらいましょう。特に家の中と外で要介護者の様子が違うときには、主治医に意見書を依頼する際「先生の前ではわりとしっかりしてるのですが、家ではこうなのです」とふだんの様子を具体的に伝えておくことが大事です。

要介護認定のコツ②

2 要介護認定調査員の質問に本人が事実と異なることを答える

- 家族はなるべく同席すること
- 本人のいないところで調査員と話すことが大事

本人のいないところで調査員と話す場を必ず設ける

要介護認定調査では、本人の心身状態について、本人や家族に質問し聞き取りをします。そのときに、本人がふだん「できていないこと」を「できる」と言ってしまうことが往々にしてあります。

例えば本人が暴言を吐く、粗相をするなど家族が本人の前では言いにくいこともあるかもしれません。家族だけで話す時間は必ず設けてもらえるので、5分でもいいから要介護者のいないところで認定調査員と話すことが大事です。

認定調査員からは、事前に日程確認の連絡が入ります。そのときに、家族介護者と調査員だけで話す時間を設けてほしい旨を伝えましょう。

もう一つ聞き取り調査の際に気を付けたいのは、要介護者の言葉に口をはさまないこと。「違うでしょ。できないでしょう」などと言えば、本人が不機嫌になったり怒り出して、調査ができなくなることもあります。また、「他人にあることないことを言いつける、信用ならない」と要介護者に不信感を植えつける原因にもなります。

本人が何を言おうと、その場は否定せずになるべくニコニコしていましょう。認定調査員に「これは事実と異なる」と指でバツ印をつくって示すなどしてもいいですが、口をはさまないことを心がけましょう。

事実と異なることは、認定調査員を玄関まで見送る際に話すなど、本人がいないところで伝えるのが賢明です。

要介護認定調査・当日編
心がけるべき、5つのポイント

①家族がなるべく同席する

要介護者だけで認定調査を受けると、本人のプライドなどから事実とは異なる受け答えをすることも。遠距離介護の場合でも、要介護認定調査のときは都合をつけて同席して、ありのままの状況を正確に伝えよう。同席できない場合は、事前に書面等で伝える。

②ありのままを見てもらう

調査員が来るからと、家の中を片づけたり、要介護者にきれいな服に着替えさせたりして身だしなみを整えるのはNG。「身の回りの世話は自分でできる」ことになってしまう。当日は、要介護者のふだんの状態を見てもらうことが大事。

③本人のいないところで調査員と話す時間をつくる

現状をありのまま調査員に伝えると、本人が不機嫌になったり怒り出すことも。調査員を玄関に迎えに行ったときや、調査が終わって送り出すときに5分でもいいので調査員と二人で話せる時間をもつことが大事。

④調査員の前で本人の言動を否定、批判しない

本人ができないことをできると言ったり、取りつくろってうそを言ったとしても、本人の前で否定・批判しないようにする。その場の雰囲気が悪くなったり、要介護者が家族に不信感を抱けば、のちのち介護に影響を及ぼす。

⑤伝えづらいことは調査員に動画を見せたり、メモを手渡す

困り事や心配事はあらかじめ箇条書きにしておこう。当日うまく話せなかったり時間がないときには、調査員に箇条書きしたメモをそのまま手渡すとよい。また困った言動は、スマートフォンで撮影して調査員に見せると、現状を理解してもらいやすい。

要介護認定調査のときのポイントと対策

確かに他人の前だとはり切ってしまうので、健常者のようです。しかし、介護認定調査員は多くの人と対面しているのでしっかり見てくださり、きちんと判定してくださいました(60代女性、96歳の親を介護、介護歴11年)

かかりつけ医にお願いして意見書をしっかり書いてもらうことと、介護にかかる時間をA４判の紙に書いて、介護認定調査員に渡す、また本人のいないところで少し時間をとってもらうこと。今は認定は厳しいので、しっかりアピールすることは大事です。特に認知症の場合は、体が動くので介護度が低く出るように感じます(50代女性、77歳の親を介護、介護歴4年)

介護認定調査員は認知症のことをよくご存じのはずなので(知らないのは勉強不足でしょう)、ふだんとどう違うか伝える(60代女性、88歳の親を介護、介護歴７年)

困った内容を箇条書きにして調査員に渡す(50代男性、親を介護、介護歴５年)

介護認定調査員によっては、認知症にあまり理解のない人もいて困ります。とにかく主治医を内科医などではなく精神科医にして、しっかり「意見書」を書いてもらっています(60代女性、91歳の親を介護、介護歴13年くらい)

要介護認定調査の日

他人の前では攻撃的にならないので、介護認定調査員にはふだんの生活の中で家族が困っていることを、母のいないところ（家に入る前に喫茶店や道路など）で話を聞いてもらった（60代女性、87歳の親を介護、介護歴15年）

わが家では、事前にYouTubeやインターネットを見て、実演や質問リストなどで簡単に予習しておいたので、少し役立った（50代女性、84歳の親を介護、介護歴4年）

父には「母のために（要介護認定調査が必要）」とうそをついて受けてもらった。その後、「だました！」と暴言・暴力を受けた（40代女性、79歳の父親、76歳の母親を介護、介護歴1年）

本当に耳が遠いので、そのことを理由にして（介護認定調査員には）あまり話しかけないでもらいました（50代男性、88歳の親を介護、介護歴3年）

日常の様子をメモで調査員に渡しました（50代女性、93歳の親を介護、介護歴5年）

訪問介護を嫌がる

3 訪問介護を利用したいのにヘルパーに来てもらうのを嫌がる

- 本人の自尊心を傷つけない言い方で説得する
- ヘルパーにも要介護者とのかかわり方を伝えておく

訪問介護を拒否するのは、ある意味当然のこと

ホームヘルパーの手配をしたのに、「他人に家に入ってほしくない」と本人が断固拒否することがあります。

特に家事支援の場合、主婦として長年家を守ってきた女性は、他人が台所に入り込んだり洗濯をすることに拒否反応を示すのはあたりまえのことかもしれません。

家族介護者にとって助かることでも、本人は嫌な場合もあることをまず理解しましょう。

要介護者への伝え方が非常に大事

また、要介護者には「○○ができなくなったから、助けに来てもらう」といった言い方はしないほうがよいでしょう。

認知症の初期や、ある程度自分で動ける段階のときは、本人はまだまだ自分では大丈夫と思っているものです。

高齢者は「人さまのお世話にはなりたくない」という気持ちが強く、自分が世話をする存在でいたいと考えています。本人の自尊心を傷つけない言い方で説得することが大切です。

例えば、「今、国では65歳以上の人に何かお手伝いできることはないか、聞いているみたいよ。お母さんもボランティアに協力して地域の人の役に立ってあげてよ」という言い方をしてみるのも一案です。

面倒かもしれませんが、最初に本人の拒否感をやわらげて説得すると、あとあと介護が楽になります。

COLUMN

親の状態を把握するには、3か月に1回でも長めの滞在を

遠距離介護をしている家族介護者によると、親の現実の姿を見るためには、例えば毎週末、金曜日の夜から日曜日まで帰省するよりも、3か月に1回でも1週間から10日ほどまとまった休みをとって帰ったほうが有効だといいます。

なぜなら子どもの帰省は親にとっては大きなイベント。2〜3日くらいなら、子どもの好きな食べ物を用意したり、家事や買い物もある程度頑張れるのです。認知症の場合は特にそういう傾向があるといいます。しかしそれ以上日にちがたつと、だんだんと日常に戻ります。例えば冷蔵庫を開けると同じ食べ物でいっぱいになっていたり、お財布をしょっちゅうなくしたり、ごみの分別ができなくなっているなど、生活にほころびが見えてきます。

仕事によっては長期休暇をとることがむずかしいかもしれませんが、親の現実を見るためには長めの滞在が有効のようです。また、見守り機能の付いたポットなどもあります。それらのツールを使うことも安心に繋がるでしょう。

ヘルパーと合わない

4 ホームヘルパーと合わない。ほかの人に替わってもらいたい

- 合わない場合はヘルパーの変更ができる
- 金銭管理は家族がしっかり行う

ヘルパーの交代は可能

訪問介護を利用するときにはホームヘルパーと要介護者の相性も大切です。どうしても合わない場合は、ヘルパーの変更ができます。ケアマネジャーに相談するか、直接、訪問介護事業所に連絡しましょう。その際「うちとは合わないから」と、あいまいに伝えると、ヘルパー変更の理由が相手に伝わりません。

「料理の味付けが薄すぎて口に合わないようだ」「何回か要望をお伝えしたが改善されない」「要介護者がヘルパーさんのハキハキした話し方が怖いと感じるようだ」など具体的に伝えましょう。

ヘルパーが行えないこともある

一方で、要介護者側もヘルパーを家政婦（夫）にお願いする気持ちで接しないよう、気をつけましょう。ヘルパーは資格をもった介護者であり、定められたケアプランに沿ってサービスを提供する人です。何でも行える、ということはありません。

双方が嫌な思いをしないように金銭管理はしっかり行う

なお、ヘルパーの対応に不満がある場合は、そのままにしないできちんと伝えて改善を求めましょう。また、ヘルパーとの間で金銭的なトラブルが起きないように、家族はしっかり金銭管理を行いましょう。

中には、買い物を頼んだらおつりが足りなく、ヘルパーが自分のものまで一緒に買っていたというケースもありました。金銭トラブ

ルが発覚したときは、すぐに訪問介護事業所に連絡しましょう。

なお、こういったトラブルに限らず、家族が違和感をもった場合は、言い方の工夫はあっても遠慮せずに訪問介護事業所に伝えましょう。同じことが繰り返されるようなら訪問介護事業所を替えることも考えられます。

訪問介護は自宅に他者が入るサービスです。信頼関係を結べるヘルパーを選びましょう。

訪問介護での金銭トラブルを避けるために、気を付けること

① **金銭出納帳をつくっておく**：買い物のために金銭を預ける場合は、事前に購入品目、購入先等のメモを渡す。家族は金銭出納帳をつくって、購入品、レシート、おつりの確認をすること。

② **金銭管理は家族が行う**：ヘルパーが印鑑、預金通帳、キャッシュカードなどを預かることは、仕事の範囲外であり、業務規定違反に該当する。万が一のトラブルがあった際はヘルパーや事業所にも迷惑がかかる。年金や預金の出し入れなどは家族が行うこと。

③ **日常の金銭管理がむずかしいときは、社会福祉協議会へ相談を**：遠距離介護などの場合は、最寄りの社会福祉協議会の支援事業を活用するとよい。預金の出し入れや通帳や証書の保管など日常的な金銭管理を専門員が援助してくれる。

困った！ ホームヘルパーに対するセクシュアルハラスメント問題

近年介護の現場では、利用者や家族等による介護職員への暴力やセクシュアルハラスメントが問題となっています。大変困った例として、「一人暮らしの父親がヘルパーにセクシュアルハラスメントを行う。そのために、ことごとく訪問介護を断られてしまう」という相談がありました。男性ヘルパーに来てもらえるとよいのですが、数が少ないのです。こんな場合は訪問介護の利用はあきらめて、デイサービスに切り替える方法があります。デイサービスでは、要介護者やほかの介護スタッフの目があるので、セクシュアルハラスメント的なことはしにくくなるようです。

デイサービスを嫌がる

5 デイサービスに行くのを渋る。送り出しが大変

- 施設側のスタッフに相談して対応を任せる
- 送り出しをヘルパーに頼む方法もある

まずは、デイサービスに相談を

要介護者の生活リズムを整えるためにも、また家族の負担を軽くするためにも、日中はデイサービスを利用する人が多いです。

すんなりとデイサービスに通えればよいのですが、朝になるとデイサービスに行くのを渋って困るという声もよく聞きます。

デイサービスへの送り出しがすんなりいかないと、家族はイライラして「早く着替えてよ」と声を荒らげがち。その場が険悪なムードに包まれることもしばしばです。

こんなときは、デイサービスのスタッフに行きたがらないことを伝えて、対応を任せる方法もあります。スタッフも慣れているので、要介護者をその気にさせる上手な言葉がけをしてくれることが多いものです。

ヘルパーに頼むのも有効

また、ヘルパーに送り出しを頼むことで、デイサービスにスムーズに行くようになったケースがあります。

その人は、出勤前の慌ただしいときに、母親がデイサービスに行きたくないと言って顔も洗わず、着替えもしない。困り果てて、ヘルパーに朝、30分だけ来てもらって送り出しを頼んだのだそうです。

すると、娘の言うことはがんとして聞き入れなかったのにヘルパーに「着替えましょうね」と言われると、「はい、はい」と素直に着替えてデイサービスに行くようになったそうです。ヘルパーに短い時間の送り出しも頼めます。試してみてはいかがでしょう。

要介護者がデイサービスに行きたくないのは、こんな理由かも……

- ●家にいたい
- ●家でやりたいことがたくさんある
- ●出かけるのがおっくう
- ●知らない場所に出かけるのが不安
- ●入浴や食事の世話を知らない人（デイサービスのスタッフ）にしてほしくない
- ●ほかの要介護者と一緒に世話をされるのが屈辱的に感じられる
- ●デイサービスに興味がない
- ●知らない人ばかりの集団に入れない・なじめない
- ●号令をかけられて一緒に体操するなど、やりたくもないことをやらされる
- ●自分のペースで過ごせないのが苦痛

ヘルパーにも要介護者とのかかわり方を伝授しよう

要介護者がヘルパーと仲良くなってくれると、家族は介護が楽になります。担当ヘルパーには、最初に要介護者の性格やタイプを伝えておくとよいでしょう。

例えば「やってあげるといった態度をとると不機嫌になります。お手伝いさせてという態度で本人と接してもらえますか」など具体的に伝えます。

ほかにも要介護者の趣味や大切にしていること、機嫌の良しあしにパターンがあればそのことも含めて伝えましょう。

介護サービスを利用したいのに本人が拒否する

現在楽しく（デイサービスに）通所できていますが、当初は拒否して行かない日もありました。母にも意思があり、無理やりは何も効果がなかったです。好きなこと、やりたいことを聞いて、気持ちに寄り添うことが大切だと感じています（60代女性、96歳の親を介護、介護歴11年）

通所施設の職員さんに声かけをしてもらえるようにお願いできるようならする。デイサービスは「健康のため」とか「習い事に行く」など楽しいサークルのようなところだと本人に説明する（50代女性、77歳の親を介護、介護歴４年）

苦手な人（利用者さん）がいるから行きたくないと言われたときには「じゃあ、ほかのデイサービスを探してみようか？」と提案したが、少しぐちを言いたかっただけのようで「どこに行ってもきっと同じ」と本人が納得して続けられた（50代女性、83歳の親を介護、介護歴８年）

ベテランのケアマネジャーに誘ってもらう。第三者の意見を本人に伝える。私が言っても聞かない（60代女性、88歳の親を介護、介護歴７年）

スタッフと相談し、対応策を一緒に考えてもらう。無理な場合は別なサービスを検討する（50代男性、親を介護、介護歴５年）

デイサービスやショートステイは、本人の拒否感が強くむずかしいです（60代女性、91歳の親を介護、介護歴13年くらい）

ケアマネジャーに気長に説得してもらった。1年以上かかった（60代女性、87歳の親を介護、介護歴15年）

約１年間、本人が行きたくなるまで待ちました（50代男性、81歳の親を介護、介護歴３年）

デイのアイドル

初めはやはり拒否。だが何度かあとはわりと素直に周りのアドバイスを聞くようになった（50代女性、84歳の親を介護、介護歴4年）

とりあえず一回行ってもらう。昭和の人なので「断るのは悪い」という心理が働く（かも）（40代女性、79歳と76歳の親を介護、介護歴1年）

自分も医療機関を受診したいので、そのことを理由にショートステイに行ってもらいました（50代男性、88歳の親を介護、介護歴3年）

当初は私が入浴させていたが、町内会の助言により週3回入浴サービスを利用。介護職員に来ていただいた（70代男性、74歳のパートナー介護、介護歴自宅で5年、グループホームで5.5年）

デイサービスの管理者が1か月くらい利用日に迎えに来て、家でおしゃべりをしてくれました（でもデイサービスにはやはり行かない）。しかし1か月くらいしたらデイサービスに行くようになりました。こんなデイサービスはなかなかないです。デイサービスは見学し、管理者と話し、あきらめずに探しましょう。たくさん見学し、ネットでデイサービス探しをすると、よい出会いがあるのでは？（50代女性、93歳の親を介護、介護歴5年）

施設選び①

6 デイサービスで決められたアクティビティを嫌がる

- アクティビティに参加せずにいることを受け入れてくれるかを確認
- 軽作業の手伝いをさせてくれるかを確認

やりたくもないことをやらされる

要介護者にデイサービスに行きたがらない理由を聞いてみると、デイサービスそのものが嫌ということがあります。

デイサービスでは、脳トレやリハビリのために折り紙などの手作業、歌やゲームを行うことがあります。「大の大人が幼稚な遊びはしたくない」と感じる人もいるようです。

ある日突然、デイサービスへ連れて行かれて、やりたくもないことをやらされる……。それで、デイサービスが嫌だと思ってしまう人も多いようです。

軽作業をさせてくれる施設も

デイサービス選びの一つとして、要介護者がアクティビティに参加しないことを受け入れてくれるかどうかを確認することが大事です。

何か起きたときに困るから必ず参加してほしいという施設もありますが、一方で何もしなくてもよいという施設もあり、そういったデイサービスには「お茶を飲みに行く」感覚で通う高齢者もいます。

また、郵便物の封を開けたり、洗濯物を畳むなどの軽作業をさせてくれる施設もあります。誰かの役に立っているという思いは生きる張り合いになります。「○○さん助かるわ。明日も来てね」と上手な声かけをしてくれる職員もいて「しょうがないわねえ。明日は何を着て行こうかしら」と上機嫌で通う高齢者もいます。デイサービスの施設選びの際は、軽作業をさせてくれるかどうかも聞いてみるといいと思います。

デイサービスのレクリエーションを嫌がる

うちの母は働いていたので、デイでも掃除、タオル畳み、食事の下ごしらえなどを手伝わせてもらえるようにお願いした（50代女性、77歳の親を介護、介護歴4年）

「家で世話する人がいないし、一人で倒れたらどうする？　周りが心配するので、行ってほしい。レクリエーションが嫌ならデイサービスで昼寝していてください」と本人に言った（60代女性、88歳の親を介護、介護歴7年）

デイサービスの雰囲気、職員、管理者との相性、食事など、本人に合ったデイサービスを選ぶのは、在宅介護を続ける場合には大きなポイントです。認知症の場合は少人数のデイサービスで、集団レクリエーションは行わずそのときやりたいことをやらせてくれるような、本人に寄り添ってくれ、臨機応変に対応できるところがよいと思いました。ただ、職員は退職等で替わります。デイサービスは常によい、悪いが変化するので注意を（50代女性、93歳の親を介護、介護歴5年）

嫌がるレクリエーションを避けてもらい、別のレクリエーションにしてもらう。それでもだめならデイサービスを替える（50代男性、親を介護、介護歴5年）

うちの母はデイサービスをやめました。運動中心の短期間のところなら、何とか数年間我慢してもらいましたが「みなさんとのお茶の時間」などが苦痛で、前日から「行きたくない」と繰り返していました。90歳になって「もういいか……」とこちらから折れました。あとどのくらい生きるかわかりませんが、90歳過ぎてそんなに嫌なことなら、まあ、いいか……です（60代女性、91歳の親を介護、介護歴13年くらい）

施設選び②

7 デイサービスに楽しく通ってもらうには

- ケアマネジャーに相談し本人に合った施設を候補を絞ったら、見学に行き自分の目で確認

デイサービスは事業所によりさまざまな特徴がある

デイサービスは、要介護者が楽しんで通える施設を見つけたいものです。例えば、食べることが好きな人にとっては、施設の食事がおいしいとデイサービスに通う楽しみの一つになります。このようなケースでは、デイサービスを見学するときに試食（実費）の予約をして、実際に食べてみるとよいでしょう。

そのほか、カメラやパソコン、囲碁や将棋、フラワーアレンジメントや編み物、園芸など要介護者の趣味に合ったアクティビティを選んで楽しめる趣味型の施設や、マージャンやパチンコ、カードゲーム等のアクティビティがそろったカジノ型の施設もあります。

本人の趣味や性格に合うところを選んで、楽しく通えるといいですね。

ほかにもリハビリ特化型の施設や、認知症対応型のデイサービスなど、ほかの施設との差別化を図るところも増えています。

必ず見学をして雰囲気の確認を

まずはケアマネジャーに相談して、要介護者に合った施設をいくつかピックアップしてもらいましょう。地域の介護者の会の口コミを参考にすることもお勧めします。

候補を絞り込んだら、見学に行きましょう。見学はNGという施設はお勧めできません。

とは言え、本人が行きたいところが一番です。可能な限り本人も一緒に見学をして、本人が気に入ったところを選んであげましょう。

デイサービスの一般的な1日の流れ

- 8：30～　：送迎、健康チェック
- 9：30～　：入浴、レクリエーション
- 12：00～　：昼食、口腔ケア
- 13：30～　：体操や趣味活動
- 15：00～　：休憩とおやつタイム、帰宅準備
- 16：30～　：送迎

さまざまなデイサービス

●個人に合った趣味活動ができる
書道、水墨画、ちぎり絵、編み物、フラワーアレンジメント、園芸　など

●娯楽が楽しめる
マージャン、将棋、囲碁、カラオケ、トランプ　など

●男性などが楽しめるコンテンツが充実している
写真、木工、パソコン、クラフト、庭仕事、野菜づくり　など

●美容系のサービスが充実している
ネイルサービス、ハンドマッサージをしてくれる　など

●リハビリ特化型の施設
理学療法士などリハビリ専門スタッフが多く在籍していて、マシントレーニングなどのリハビリに重点を置いている

●認知症専門の施設
認知症の人を対象にした専門的なケアを提供するデイサービス。認知症特有の症状に合わせたケアを受けられる

8 勤め先に介護のことを伝えたいが不安がある

- 話しやすい人に相談して介護の必要性のアピールを
- 周囲の理解を得られるように調整を

不安になるのは当然のこと

介護休業制度は、育児休業制度と同様に法律で定められている労働者の権利です。会社側が「介護休暇・介護休業取得の申し出を拒否」することは基本的にできません。

けれども介護休暇等をとりにくい雰囲気の会社もあるでしょう。また、「介護休暇をとることで降格させられるのではないか」「周囲に迷惑をかけるのではないか」と不安になるのは当然のことです。

解決法はむずかしいのですが、まずは、自分の勤め先ではどういう介護休暇・休業の取り方ができるかを知っておくことが大切です。

話しやすい同僚や上司に相談

介護休暇等をとりにくいと感じる場合、まずは同僚など、職場で話しやすい人に相談したという人もいました。同僚から「それなら、あの課長なら聞いてくれるのではないか」とアドバイスがあり、それで思い切って上司に話したそうです。

改めて相談の機会を設けるのではなく、ランチのときなどに同僚や上司などに「最近、親のことが心配になってきた」と遠回しに言って準備をしていたという人もいます。

時間をかけて準備をし、周囲の理解を得ることが大事

介護休業制度は法律で決められた正当な権利です。しかし当然のように取得を主張すれば、職場での立場がむずかしくなることもあります。介護休暇等をとることによって他の社員の負担も増えますから、社内調整が必要です。

仕事と介護を両立することに対する不安（40歳代、50歳代正社員

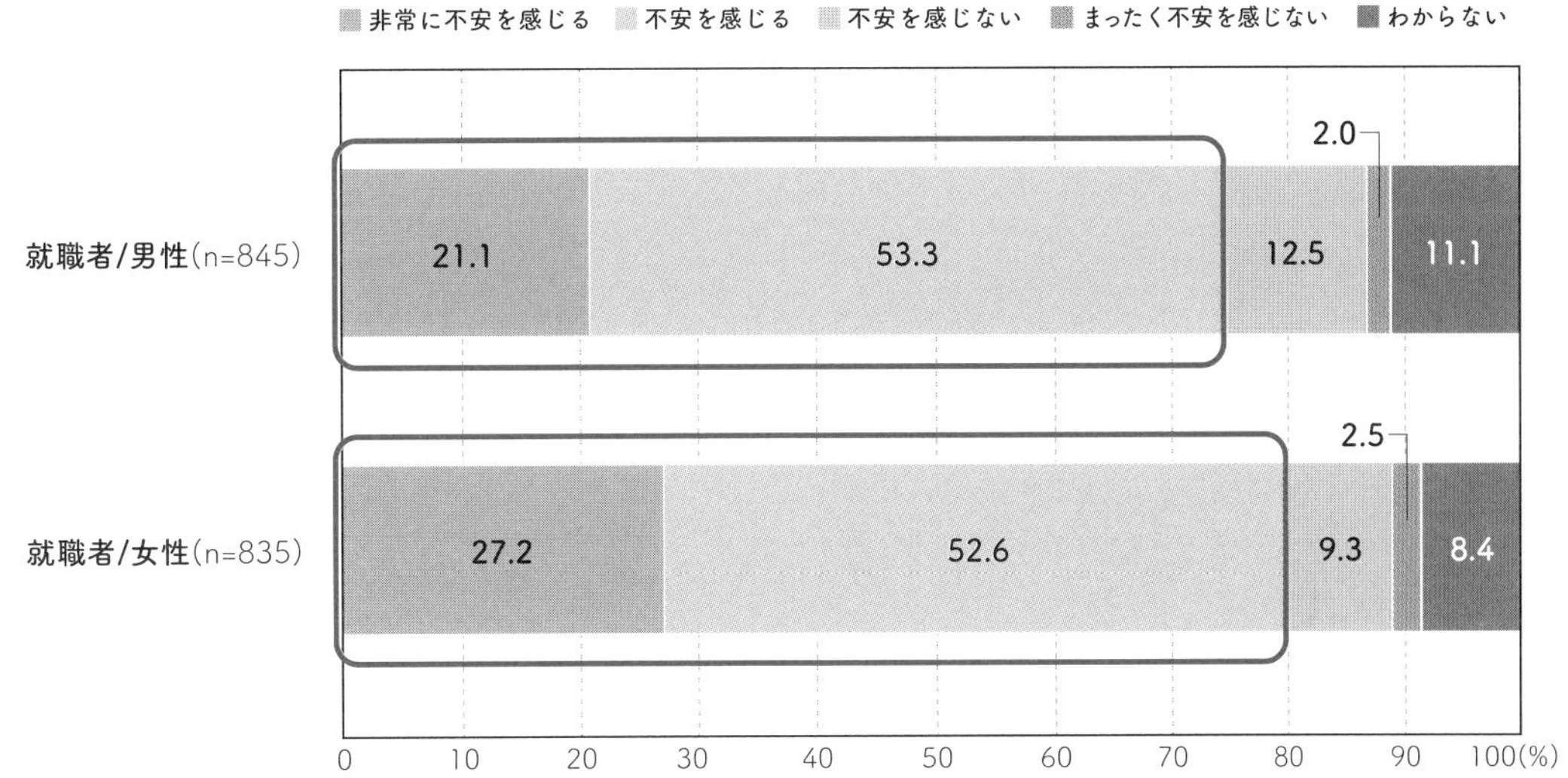
非常に不安を感じる
不安を感じる
不安を感じない
まったく不安を感じない
わからない
就職者/男性(n=845)
21.1
53.3
12.5
2.0
11.1
就職者/女性(n=835)
27.2
52.6
9.3
2.5
8.4
0
10
20
30
40
50
60
70
80
90
100(%)

(注)回答者は、就労者(男女各 1,000 人)のうち、本人または配偶者の両親が1人もいない者を除く。
(資料)三菱 UFJ リサーチ＆コンサルティング株式会社「仕事と介護の両立に関する労働者調査」(厚生労働省委託事業)
平成 25 年1月実施

(出典)『平成27年度 仕事と介護の両立支援事業　企業における仕事と介護の両立支援実践マニュアル　介護離職を予防するための仕事と介護の両立支援対応モデル 』(厚生労働省)

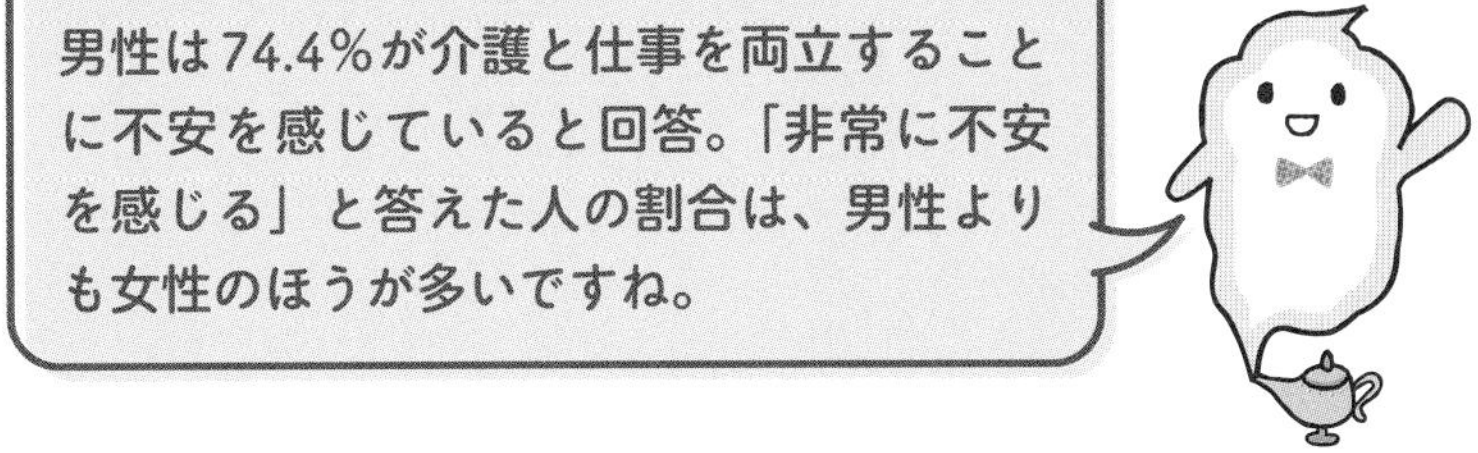
40代、50代の正社員のうち女性は79.8%、男性は74.4%が介護と仕事を両立することに不安を感じていると回答。「非常に不安を感じる」と答えた人の割合は、男性よりも女性のほうが多いですね。

勤務先に介護のことを伝えるときに不安があったか？

▼

「不安があった」

以前の職場では介護のことは伝えていませんでした。辞めることになるため。仕事を探している期間は、ハローワークで「介護者が応募可能な求人はないですよ」と伝えられてかなり不安になった（60代女性、96歳の親を介護、介護歴11年）

リストラや配置転換（異動）で不利な扱いを受ける不安（50代男性、親の介護、介護歴5年）

派遣社員なので人員整理の対象になりやすくなるのではという不安はあった（50代男性、92歳の親を介護、介護歴7年）

非正規なので、何の配慮もされない（50代女性、親の介護、介護歴8年）

勤務先に伝えるときに不安だったことは、プライベートなことを話さなければいけないから。一人で介護をするのは無理なのでは、と言われるかもしれないから（50代女性、93歳の親を介護、介護歴5年）

仕事を続ける体力がないことが不安だった（60代女性、88歳の親を介護、介護歴7年）

職場で理解されないのではないかと思った（50代男性、81歳の親を介護、介護歴3年）

介護や通院による急な休暇申請を理解してもらえるかどうか不安。過去にいた会社では休暇をとるのが許されない風潮があった（40代男性、80歳、83歳の母と叔母を介護）

多忙な職で介護しながらできる仕事ではなかったため、不安というより普通にあきらめて正社員の職は辞めた。その後派遣社員として働いている（50代女性、84歳の親を介護、介護歴4年）

仕事中に入院先の病院から電話がかかってくるので、職場に伝えざるを得なかった。病院からの電話を私用電話と間違えられ、注意されることがあったため、すべて書面で上司に伝えた（40代女性、79歳の父親、76歳の母親を介護、介護歴1年）

知っている人

社長に、おそるおそる両親の介護が必要になったことを報告…
あ…あのぉ…
父が初期の認知症で…
母が脳梗塞でマヒが…
や…やっぱり…
なんですってェ〜?!
もっと、早く言いなさい!介護申請は?福祉用具は使ってる?
は…はいっ!!
社長は、両親、義父母を介護した介護スペシャリストだった!
なんでも聞いて!

「不安はなかった」

不安はなかった。すぐに伝えた。大変理解のある職場で助かっている。上長が介護をされていたことも大きいと思う（50代女性、77歳の親を介護、介護歴４年）

介護をサポートするNPO法人に勤務しているので、不安はなかった（60代女性、87歳の親を介護、介護歴15年）

診断された当初は会社に伝える必要性を感じなかったが、認知症が進んでからは同僚、秘書に伝えた（70代男性、70代パートナーを介護、介護歴自宅で５年・グループホームで５年）

介護と仕事の両立で苦労したこと

母が在宅しているときは、私の仕事が理解できないので、母のコントロールが大変でした（60代女性、96歳の親を介護、介護歴11年）

夜中のトイレや部屋をウロウロされ、睡眠時間が削られること、通常時より動ける範囲が制限されること、要介護者が体調不良で病院に付き添わなければならないこと、などが大変（50代男性、親の介護、介護歴5年）

夜中のトイレに起こされる、急に休みをとらざるを得ない事態が発生したときなどが大変（50代男性、92歳の親を介護、介護歴7年）

電子レンジから煙が出て、家中真っ白になって、仕事中何度も電話がかかってきた（50代男性、81歳の親を介護、介護歴3年）

初期のころは、火の取り扱いが心配で、職場からしょっちゅう家に電話していました。鍋とかを焦がすことが多かったので、コンロは取り替えました。それと、必ず買い物に行ってしまうことが大変でした（50代女性、77歳の親を介護、介護歴4年）

介護度が高くなるのに比例して、自身の体力がなくなる。認知症初期は（要介護者の）精神面、体力面への気遣いがあり、疲れた（60代女性、88歳の親を介護、介護歴7年）

仕事を優先すると機嫌が悪くなる（60代女性、87歳の親を介護、介護歴15年）

昼勤務のとき、自分が不在時に問題が発生しないか不安になる。夜勤務のときは、昼の睡眠時、母に起こされる。また叔母の通院付き添いが夕方まで長びくと、自分が眠る時間がなくなる。それ以外の日でも、昼に介護関係者と連絡することがある（40代男性、80歳、83歳の母と叔母を介護）

温泉に行こう!

今は仕事をしていないが、仕事をしていたときは、時間に追われるように忙しく、家に帰っても休めず、家のこと、介護のことを一人でしなくてはならなくて、精神的にも肉体的にもつらかった（40代女性、80歳の親と41歳のきょうだいを介護、介護歴25年）

基本的に管理職は一応の理解を示しても、実際の介護経験がない限り「理解力」はないと心得る。仕事と介護と家事で、自分の私的な時間はない（50代女性、84歳の親を介護、介護歴4年）

月・水・金のパート勤務（シフト制）だが、母の病院の検査は「月・水・金しかできない！」と医師に言われてやむなく休むと、検査自体は10分程度だったり……。１日休むと無収入になってしまうのに（40代女性、79歳の父親と76歳の母親を介護、介護歴１年）

自分の時間をつくることがむずかしい（とにかく忙しい）、朝早く５時ごろ起きるときもあり、睡眠時間が短い。常に見守りが必要で家にいてもくつろぎがない。物音ですぐに目覚めるため、ストレスがたまる。デイサービスに行くのを拒否したときは、会社から家に帰らないといけない（50代女性、93歳の親を介護、介護歴５年）

9 薬の飲み忘れが多い

- 薬の1包化と服薬管理グッズの活用を
- 飲み忘れが多いときは、主治医や看護師に相談

調剤薬局で薬を1包化してもらう

薬の飲み忘れや飲み間違いを防ぐために、まずは調剤薬局で朝、昼、夜に飲む薬を、それぞれ1包化にしてもらいましょう。その上で、調剤薬局や100円均一ショップなどで売っているお薬カレンダーなどの服薬管理グッズを活用して、薬の服用を可視化して管理しましょう。

仕事をもっていたり、遠距離介護をされている人は、毎日昼休みや夜に家に電話をして「薬飲んだ？」「まだ飲んでいないのなら、今飲んで」と服薬の確認をしているようです。可能であれば、ホームヘルパーに薬を飲むのを見届けてもらうと確実です。

なお、薬の内容や服薬について気になるときは、主治医に要介護者の症状を細かく伝え、相談しましょう。

しっかり飲んでほしい薬を飲み忘れると、家族としては一大事のように思えて、つい要介護者を責めてしまいがちですが、飲み忘れが目立つときは、主治医や看護師に相談しましょう。

服薬管理の準備

準備①

飲み忘れや飲み間違いがないよう、
薬を1包化してもらう

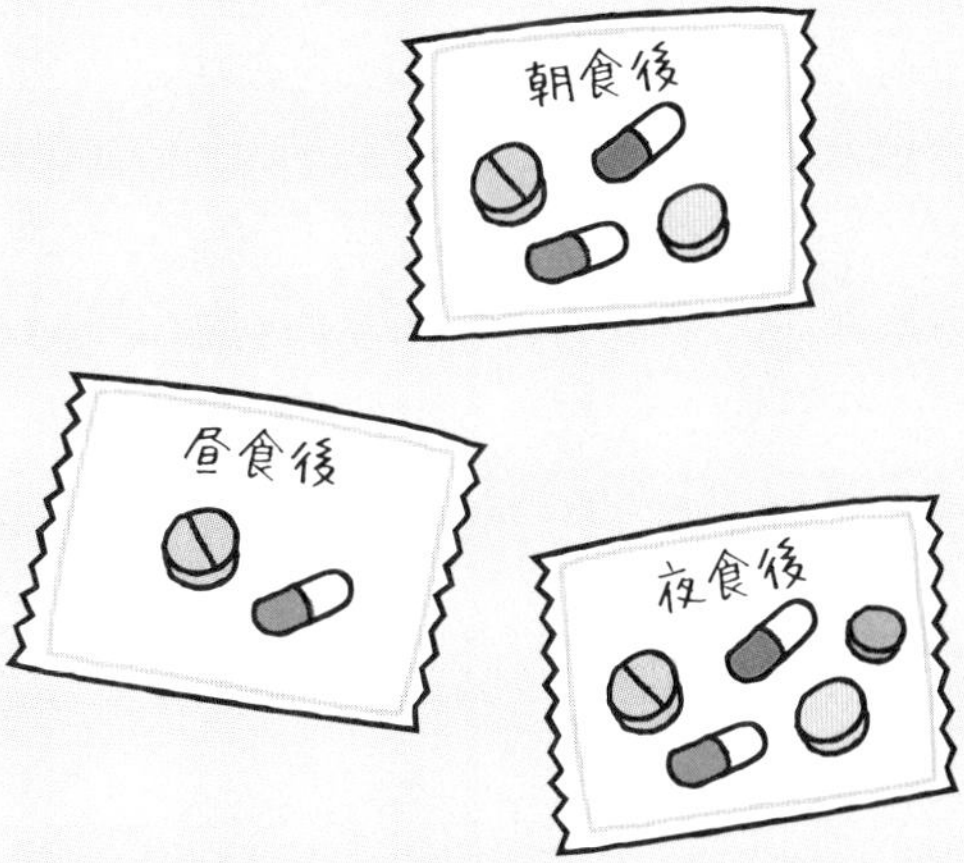

準備②

服薬管理グッズを活用する
お薬カレンダーなど

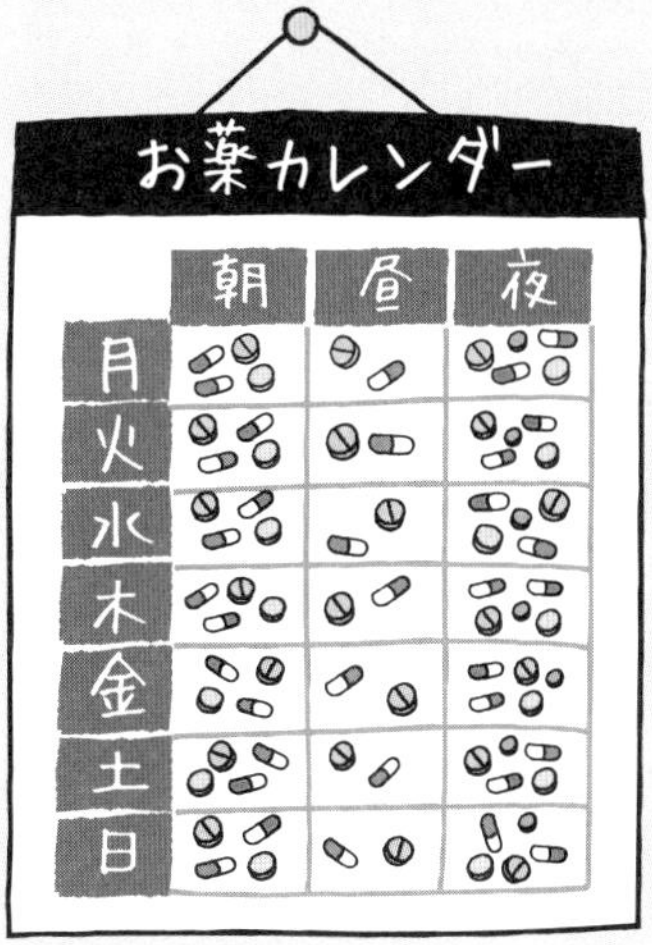

薬がちゃんと飲めない時は

薬がちゃんと飲めてない…
父さん！お薬カレンダーに、全部入れたから、きっちり飲んで！
はいよ!!
一週間後ー
ガクッ
飲…飲めてない……
結局、訪問ヘルパーさんに入ってもらって、一件落着。
今朝はこのお薬を…
はいよっ!!

わが家の服薬管理

薬は手渡しにして、飲んだところまで確認している（60代女性、96歳の親を介護、介護歴11年）

飲み忘れがないように医師と相談して、薬を1回分ずつにまとめてもらったりする（1包化）。「お薬カレンダー」を使用する、独居ならヘルパーさんにお願いするといいと思う（50代女性、77歳の親を介護、介護歴4年）

ポケット式の「お薬カレンダー」を利用していたが、忘れることが多く困っていた。朝晩電話するも、お互いにストレスなのであきらめていた。結果、骨粗しょう症の薬が飲めていなかったこともあり、圧迫骨折につながりとても後悔しています（現在歩けなくて入院中）（50代女性、83歳の親を介護、介護歴8年）

本人がうまく服用できないという前提で、医師やケアマネジャーに相談した（60代女性、88歳の親を介護、介護歴7年）

介護者が管理する。薬剤師や介護スタッフが管理する（50代男性、親を介護、介護歴5年）

薬の管理の解決策は？

自分が管理し、服用まで確認する（40代男性、80歳、83歳の母と叔母を介護）

服用する薬が多くて忘れてしまうので、主治医の先生に言って1包化してもらった（40代女性、80歳の親と41歳のきょうだいを介護、介護歴25年）

医療機関と調剤薬局に頼んで、薬を分包してもらいました（50代男性、88歳の親を介護、介護歴3年）

薬は私が服用させていた（70代男性、74歳のパートナー介護、介護歴自宅で5年、グループホームで5.5年）

昼はデイサービスで服用、夜はヘルパーさんのもとで服用。先生に薬を飲む時間を相談しましょう。朝は私が忙しく服用の見守りが無理なため、（先生に相談して）朝飲む薬をやめてもらいました。確実に薬を飲める、デイサービスの時間である昼を服用時間にすることを勧めます（50代女性、93歳の親を介護、介護歴5年）

10 ケアマネジャーとの意思疎通がうまくいかない

- 要介護者側の要望は具体的にしっかり伝える
- 合わないと感じたときには変更も可能

要望は具体的に伝える

意思疎通がうまくいかない大きな理由に、コミュニケーション不足があるようです。

ケアマネジャーには、要介護者と家族の日常生活がどうありたいかを具体的に伝えましょう（次ページ参照）。

伝える内容が具体的であるほど、自分たちの状況に適した介護サービスを提案してくれる可能性が高くなります。

もちろん要介護者自身の希望を聞いて、すり合わせをすることも大事です。例えば、本人が家でテレビを見て過ごしたいというのであれば、デイサービスには行かずに訪問介護の利用を考える必要があります。

また、ケアマネジャーが忙しそうだと、話したいことがあっても遠慮してしまう人がいますが、要介護者が伝えなければケアマネジャーは何の問題もないと判断してしまいます。

話したいことがあるときには、遠慮せずにその旨を伝えて、時間をとってもらいましょう。

どうしても信頼関係が結べないときは替わってもらうことも可能

しかし一方で、要介護者の希望を伝えてもケアプランに反映されないケースもあるようです。

相談しやすくて信頼のおけるケアマネジャーを選ぶことが、介護を続ける上で欠かせません。

信頼関係が築けそうにないと感じたときは、ケアマネジャーを思い切って替えてしまうのも方法の一つです。

ケアマネジャーとの面談で要望を伝えるときのポイントとその例

①要介護者と家族の日常生活がどうありたいかを伝える

・要介護者が閉じこもり気味なので、誰かと話す機会をつくってほしい
・買い物は必要ないけれど、食事だけはつくってほしい
・食事は一人で食べられることを大事にしたい
など

②家族介護者の状況・希望を伝える

・健康状態
・勤務形態や残業の有無
・一人の時間がほしい
など

③要介護者の気持ち

・要介護者が自分でやりたがっていること
・要介護者の趣味や楽しみ
・好きな食べ物
・困っていること
など

④家庭の事情を言える範囲内で伝える

・経済的な事情
・きょうだいや親類との関係
など

質問やケアマネジャーに必ず伝えておきたいことは、あらかじめ整理してメモしておくとよいでしょう。

ケアマネジャーとのコミュニケーションについて

お互いに合う、合わないはどうしてもあると思う。人間同士なので。ただ、不満は不信につながるので、お願いしている立場だからと必要以上に我慢することはしないでいいと思う。コミュニケーション次第（50代女性、77歳の親を介護、介護歴4年）

意思疎通できないと感じたときは、コミュニケーションや頼み事を見直す。変わらなければ、ケアマネジャーを交代するようにしてもらう（50代男性、親を介護、介護歴5年）

特に問題はなかった。素晴らしいケアマネジャーでした（50代男性、92歳の親を介護、介護歴7年）

日常生活で小さな変化でも気づいたら連絡する。話す回数を増やす（40代男性、80歳、83歳の母と叔母を介護）

月に1回のケアマネジャーの訪問日にはできるだけ同席するようにして、訪問日の設定などの連絡先を本人ではなく、自分にしていた。ケアマネジャーはたくさんの利用者のマネジメントで忙しいと聞いているので、自分で調べられることは自分で調べるなど、策略などではなく、人として気遣うことでビジネスではなく、人対人でよい関係が築けていると思う（50代女性、83歳の親を介護、介護歴8年）

介護職の人は、どうしても要介護者中心に考えます。そのように教育されているので仕方ないと思います。私自身が介護職をしていたのでよくわかりますが、「在宅」の場合は、もう少し介護している家族を支える仕組みを「介護保険」の中に盛り込んでほしいと思います（60代女性、91歳の親を介護、介護歴13年くらい）

ケアマネジャーがわが家の親族不和のことを他者と会話して、非常に困った。自分よりもきょうだいがキレて、ケアマネとの連絡を切った模様（50代女性、84歳の親を介護、介護歴4年）

介護のカギはケアマネ

ケアマネジャーにとって、うちは35分の１の家族なので、月１回の訪問日にすべて解決できるように事前にメモなどを用意しておく。日々困ったことは、書面でケアマネジャーに郵送する（40代女性、79歳の父親と76歳の母親を介護、介護歴１年）

ケアマネジャーはしょせん介護保険を使う分野しか相談できません。なので、インターネットで介護サービスについて自分で調べ、契約のときだけ同席してもらいました（50代男性、88歳の親を介護、介護歴３年）

現在のケアマネジャーとは比較的コミュニケーションがとれている。こちらの希望や不明な点をはっきり伝えている（60代女性、96歳の親を介護、介護歴約15年）

要介護者である母は医療介護拒否でした。介護認定を受けてもサービスの拒否。ケアマネさんを探すも断られる。そんな中、引き受けてくれたケアマネジャーがとてもよくしてくれました。しかし、私がショートステイを探しすぎたため、決裂しました。話しやすい方を選ぶのはもちろんですが、利用者側もケアマネジャーの仕事を理解し相手を立てながら、ケアマネジャーをいたわりましょう。でも本当に合わなかったら変更も検討しましょう（50代女性、93歳の親を介護、介護歴５年）

11 ケアマネジャーに不満がある。替えたい

- 不満があるときは、変更を申し出よう
- 変更理由を客観的に伝えて後任者を選んでもらう

ケアマネジャーの変更方法

ケアマネジャーと一緒にやっていくのがむずかしいと感じたときには、変更を申し出ることができます。

まずは、ケアマネジャーが所属する事業所に連絡をして、担当のケアマネジャーの変更を申し出ます。同じ事業所だと、後任者との引き継ぎもスムーズです。

居宅介護支援事業所自体が合わないと感じる場合は、事業所を変更して、新たなケアマネジャーを紹介してもらいます。

新しい事業所が介護者に代わって、これまで頼んでいた事業所に変更の連絡をしてくれることもあります。

ケアマネジャーの変更の申し出をしにくい場合は、地域包括支援センターや市区町村の介護保険課に相談する方法もあります。

ケアマネジャーの変更は、特別なことでも悪いことでもありません。介護生活は、ケアマネジャーとの二人三脚です。よい信頼関係を結べることが何より大事です。

変更理由は明確に

ケアマネジャーの変更を申し出るときは、どの点が合わずに困ったのかを明確にした上で、変更の相談をするといいでしょう。

家族がどんなサポートを求めているかを率直に伝えて、希望に沿ったケアマネジャーを紹介してもらいましょう。

「気が合わない」という場合も感情的にならずに、うまくいかなかったことについて、できるだけ客観的に伝えるようにします。

よいケアマネジャーとは?

●しっかり話を聞いてくれてコミュニケーションがとれること

要介護者や家族にあったケアプランをつくるには、要介護者の生活環境や本人や家族の思い、大切にしてきたこと、価値観、こだわりなども含めて考えていく必要がある。要介護者や家族の話をしっかり聞いてくれることが大事。

●本人や家族の困り事にも耳を傾けてくれること

ケアマネジャーは、要介護者や家族の不安な気持ちに寄り添う一番の理解者であってほしいもの。本人の困り事はもちろん、例えば家族から「出勤前にいつもこういうことがあって毎日会社に遅刻寸前なんです」といった相談にもしっかり耳を傾けて、適切なアドバイスや解決方法を考えてくれるケアマネジャーが理想的。

●フットワークが軽く、素早く対応してくれること

急きょショートステイを頼みたいなどというときに、すぐに動いてくれるケアマネジャーは介護者にとって心強い存在。またデイサービスや介護施設を検討する際、実際に自分の足で地域の施設をまわっているケアマネジャーなら、施設の雰囲気も把握しているので要介護者に合った施設をピックアップしてくれるはず。

●柔軟に対応し調整をしてくれること

デイサービスで問題を起こした、ヘルパーとの間でトラブルを起こしたなどという場合は、よいケアマネジャーなら事情をくみ取って、サービス事業所との間に入ってうまく調整してくれるはず。

●広いネットワークと専門的な知識をもっていること

悩みや不安が生じたときにも、介護や福祉の知識が豊富なケアマネジャーなら、要介護者に合った解決方法を提案してくれるはず。また、複数の選択肢を示せることも大事なポイント。ケアマネジャーが地域の最新の情報や広いネットワークを持っているかどうかで、受けられる介護の質も変わってくる。

ケアマネジャーの変更などについて

たくさんのケアマネジャーがいる事業所なら、同じ事業所内で替わってもらう。一人で経営しているなら事業所ごとチェンジする。そこにうしろめたさを感じる必要はないと思う。快適な介護のために！（50代女性、77歳の親を介護、介護歴4年）

ケアマネさんもヘルパーさんも介護される本人も、人対人であれば相性があると思う。不満があるということは、相手もこちらを苦手だと思っていると考えれば、ケアマネさんの変更はお互いのため。不満を抱え込んだままお願いするのは精神衛生上よくないと思います（50代女性、83歳の親を介護、介護歴8年）

ケアマネジャーにはあまり期待しないようにしています。なにしろ1年に6時間ぐらいしか接点がないのです（月1回の訪問を30分として、30分×12回)。よくわかってもらえなくて当然なのかなあ……と（60代女性、91歳の親を介護、介護歴13年くらい）

デイサービスに行ってくれないので、施設を替えたいと話したが「家族の対応が悪いのでは？」とケアマネさんに言われた（50代男性、81歳の親を介護、介護歴3年）

いろいろと相談にのってほしいことなどあるが、いつも忙しそうにされており、親身に話を聞いてくれる雰囲気ではなく、あまり頼れない感じだったので思い切ってケアマネジャーを替えた（40代女性、80歳の親と41歳のきょうだいを介護、介護歴25年）

ケアマネ交代はあり?

ケアマネジャーは気が利かないタイプだが、とりあえず自分はやり取りしている。しかし、きょうだい側がケアマネジャーを替えてほしいと言ってくるのでストレス（50代女性、84歳の親を介護、介護歴4年）

ケアマネジャーを替えたいなど、そんな贅沢は言えない。ケアマネジャーの事務所にあいているか？　の問い合わせをしたら、待たされたあげく数件いっぱいのため断られた。ケアマネジャーを選ぶとか都市伝説では？（40代女性、79歳の父親と76歳の母親を介護、介護歴1年）

ケアマネジャーを替えた。以前少々無神経なケアマネジャーのときも不満などは直接伝えた（60代女性、96歳の親を介護、介護歴約15年）

とてもよくしていただいたケアマネジャーさんだったが、私がショートステイを探しすぎたのがまずかったのか、人が変わったように冷たくなり何も頼めず、次のケアマネジャーさんを探せないまま契約を終了することに。その後ケアマネジャーさんに断られ途方にくれました。ケアマネジャーさんを変更する場合は、後任の目星をつけてからにしましょう（50代女性、93歳の親を介護、介護歴5年）

きょうだい間のモヤモヤ

12 きょうだいが介護の大変さを理解してくれない

- 譲れないことはしっかり話し合って取り決めを
- 自分の希望は言葉に出して初めて伝わる

日ごろ介護を手伝わないきょうだいがいる場合、介護の苦労や大変さを理解してもらえないと、気持ちがどんどんつらくなります。こんなときは少し気持ちを変えて、一人で淡々と介護をしようと割り切ることも必要かもしれません。

譲れない部分は取り決めを

ただし譲れないことに関しては、きょうだい間で話し合い、取り決めをしておくことが大事です。

例えば「高齢者の救急搬送では延命のことを聞かれることが多い。緊急時は必ず連絡をするから、相談に応じてほしい」とか、介護費用が親の年金や蓄えで足りない場合は、きょうだいで負担し合うのか、あるいは「自分は介護を引き受けているから、金銭面はきょうだいに負担してほしい」など明確にしておく必要があります。

前向きにあきらめる

こんな例がありました。介護のために親と同居したが、仕事ができなくなって自分が住んでいたアパートの家賃が捻出できない。しかしアパートを解約すれば自分の逃げ場所がなくなってしまう。思い切ってきょうだいに相談したところ、その方が毎月彼女の部屋の賃貸料を支払ってくれるようになったそうです。

きょうだいに理解を求めても無理と決め込んでしまわず、例えば「息抜きできる日がほしい。月に1〜2回、自分の代わりに親の介護をしてくれないか」などと提案してみては。こんなふうに「前向きにあきらめる」のも一つの方法です。

きょうだいと事前に話し合っておきたいポイントとその例

介護の大変さは、介護する人しかわからないもので、介護を手伝わないきょうだいに言えば言うほどむなしくなってきます。だからこそ、譲れない部分をはっきりさせて、事前にきょうだいと次のようなポイントを話し合っておきましょう。

●できること、できないことを伝える

「自分が主介護者になるが、仕事は辞められない」「自分の生活をすべて犠牲にして介護はできない」「週末だけでも手伝ってほしい」など

●介護費用、医療費をどうまかなうのか

「介護費用はどれだけ出せるか」「自宅のリフォームが必要になった場合の費用はどうするか」など

●介護に対する考え方

「介護サービスはどこまで利用するのか」「在宅介護がむずかしくなったときに施設の入所をどうするか」など

●いざというときの選択

「決定は自分だけに任せないでほしい」「入院、延命治療の有無」など

なんで私一人で…

きょうだいに理解がない。介護の大変さをわかってもらえない

一緒に生活していない人の理解を得ることは期待しないほうが、結果として楽だと思います（60代女性、96歳の親を介護、介護歴11年）

きょうだいはいないが、友人に関していえば、介護は経験した人でないと思いは理解できないと思います。私自身も、身体介護でご苦労されている方の気持ちはとうてい理解することはできないと思っています。本当に大変なことだと想像することしかできません。なので、友人に介護の苦労話のようなことはほとんどしません（50代女性、83歳の親を介護、介護歴8年）

いい意味で、あきらめる。介護以外のことでわずらわされるとものすごくストレスです。口も金も出さないならそれでよしとします。その代わりに社会資源にたくさん頼ります。きょうだい仲は悪くなかったのですが、介護のことで今は断絶状態。きょうだい関係が普通でも介護はつらいです（50代女性、77歳の親を介護、介護歴4年）

きょうだいはいないのでわかりませんが、口を出すくらいならお金を出してねと言いたいです（60代女性、88歳の親を介護、介護歴7年）

説明だけでなく、介護をしているところを見せる。それでもわからなければ兄弟、姉妹はあてにしないのがいいのでは（50代男性、親を介護、介護歴5年）

助けを求める

母の介護は、本当に大変で…
母さん今 キレイに してあげるねー
ある時、泣きながら、兄と弟に訴えた。
もう疲れた！少しでいいから手伝って！
すると…
なんとか休みとって病院の付き添いするよ
週末は俺にまかせろ！泊まりにいくから姉ちゃんはゆっくり休んで！
ごめんなー 全部おしつけて…
思い切って助けを求めてよかった
介護は一人で抱え込んじゃいけない！

きょうだいには、期待しないようにしています。その代わり私のやり方に文句は言わせないようにしています。男きょうだいがいますが、きょうだい格差については、介護されている母は「男の子が台所に立つ、掃除をする」ことに抵抗があるみたいです。腹が立ちますが、今さら変えられません（60代女性、91歳の親を介護、介護歴13年くらい）

「認知症の人には怒ってはいけないんだよ」と介護に関わっていない兄に言われた（50代男性、81歳の親を介護、介護歴３年）

きょうだいは自分たちのプライドが前面に出て、一番困っている親本人のことが置き去りにされているのがつらい（50代女性、84歳の親を介護、介護歴４年）

感染症の大流行で、入院時の面会にいろいろと制限があるのにそれをわかってもらえず怒鳴られたことがあった。あんなにニュースで報道されていたのに「ちょうどよいときに、呼べ」と言われて困った。きょうだいは両親から十分な資金援助を受けてマイホームを建てているのに「自分は自立している」と言う。一方で介護者の私に対しては「自立していない」と言うなど最初から上から目線な感じがする（40代女性、79歳の父親と76歳の母親を介護、介護歴１年）

要介護者の暴言・暴力①

13 命令口調であったり、わがままを言われたりして心が折れそう

- 「病気や老化のせい」と割り切ることはむずかしい
- 傷ついた自分の心をいたわろう

聞き流せないのは当然のこと

命令口調やわがままを言う要介護者に対しては、「病気や老化が言わせているのだ」ということを頭に刻んでおくことに尽きると思います。

しかし、頭でわかっていても、日々一生懸命介護をしているのに、心ない言葉を投げつけられればやはりつらいものです。ましてや親だと、娘や息子に対する暴言に遠慮がありません。昔はあんなにやさしい親だったのに……と悲しみの感情もわいてきます。

また、もともと支配的な親の場合、暴言やわがままに拍車がかかることがあるようです。そういう親なのだからしかたがない、と割り切るのはむずかしく、「もう、これ以上耐えられない」という声を多く聞きます。

自分の心をいたわろう

理不尽に思えますが、本人には理由があってのことなのです。

例えば、認知症など病気によって感情のコントロールがきかなくなっていることが考えられます。また、加齢によって、すぐに言葉が出てこなかったり、体の自由がきかないイライラもあります。

ひどい言葉を投げつけられたときは、要介護者の怒りはどこからくるのかということに心を向けてみるのもよいかもしれません。

とは言え、どんなにひどい言葉を投げつけられても介護を続けなくてはならない現実があります。こんなときは、少しでもいいから、自分の時間をつくって、心をいたわってあげる必要があります。

介護と育児の違い

心が折れそうになった 要介護者のひとことや行動

母自身が何かを不安に感じているときに、「何もしてくれない」「情けないから早く死にたい」などとよく口にします。自分が主婦業を義務のように感じていて、言葉でそれを否定されたときにそういうことを口にするようです（60代女性、96歳の親を介護、介護歴11年）

わがまま、嫌みはなかったです。今もないですが、アルツハイマーなので２～３秒後には同じことを言い、何百回も聞かれたことがつらかったし、まいりました（50代女性、77歳の親を介護、介護歴４年）

私の言葉がきついと何度も言われました。本当に厳しい言い方をしていたと思います。原因は複雑なので素直に反省できませんが、後悔はしています。厳しい言い方ができるうちが花だったと、本当に弱って入院している母を見て、今はそう思います（50代女性、83歳の親を介護、介護歴８年）

暴言を吐かれたときは死んだときに手続きができるのは、私しかいないと言い返します（60代女性、88歳の親を介護、介護歴７年）

心が折れそうになるときは、介護サービス（小規模多機能型居宅介護＝デイサービスを中心に訪問介護やショートステイを一体的に組み合わせたサービス）に行ってくれない場合（50代男性、親を介護、介護歴５年）

介護している親が人を傷つけることを言うことがあった（50代男性、92歳の親を介護、介護歴７年）

「あんたとは住みたくない、出ていけ」と言われた。そのときはもう介護をしてあげない、と思った（50代男性、81歳の親を介護、介護歴３年）

母の浪費対策のために自分が母のお金を管理してから、しつこくお金を要求するようになった。認知症のため睡眠中に何度も起こされることがあった（40代男性、80歳、83歳の母と叔母を介護）

最多８病院の付き添いをしているのに「私のことをのけものにしている、早く死ねばいいと思っているのだろう」と怒鳴られた（60代女性、87歳の親を介護、介護歴15年）

耳にタコな話

身の回りのこと（金銭管理、健康管理など）が自分ではできないので、こちらが気をきかせてやろうとすると、にらみつけられ、ほっといてくれと抵抗される（40代女性、80歳の親と41歳のきょうだいを介護、介護歴25年）

いっさいわがままを言わない代わりに、要求も厳しい、会話もしないという拒絶ぶりに冷たい攻撃性を感じた（50代女性、84歳の親を介護、介護歴4年）

食べると言いながら、食事の準備をすると食べない（80代男性、83歳の妻を介護、介護歴3年）

「働きながら」なので、夕食をつくりおきしておくが、「いつも同じ」「肉が硬くて食べられなかった」など文句ばかり言われる。父がアルコール依存症なので、冷蔵庫に酒ばかり置かれ、食品を入れるスペースがない（40代女性、79歳の父親と76歳の母親を介護、介護歴1年）

いろいろ頼み事をするのは仕方がないことだと思います。ただ、こちらが忙しいときにはとても困ります。できれば一度に頼んでほしい（50代男性、88歳の親を介護、介護歴3年）

14 要介護者が暴言を吐く、暴力をふるう

- その場から離れて距離を置く
- 程度がひどい場合は医師やケアマネジャーに相談を

カッとしてついやり返してしまうことも

特に認知症の場合は、不安や混乱があると暴言を吐いたり、つねる、たたくなど暴力をふるうことがあるようです。

医師や介護のプロであれば「あらあら、困りましたね」と穏やかにやり過ごすことができるかもしれません。

けれども家族介護者にとって、親やパートナーなど身近な人の暴言や暴力は、心に大きな影を落とすことになります。

つらく感じながらも何とかその場をやり過ごせる人もいますが、たたかれたらたたき返す、暴言を吐かれたら暴言で応酬してしまったという声も多く聞きます。

その場から離れよう

特に暴力の場合は、発展すれば事件になりかねません。こんなときは、とにかくその場を離れることです。向けられた怒りを怒りで返せば、互いの興奮が高まり、怒りがますます増幅していくからです。

可能なら1時間ほど外に出て気持ちを静めたり、少しの時間でも別の人に介護を代わってもらえるとよいでしょう。

暴力や暴言を減らすために、なるべく要介護者の思いや要望に沿ってあげることも一つの方法ですが、こちらの都合もあります。

いつも要介護者の要望をかなえるのはむずかしいことです。繰り返しになりますが、要介護者の言動にカッとしたら、とにかく物理的に距離を置きましょう。

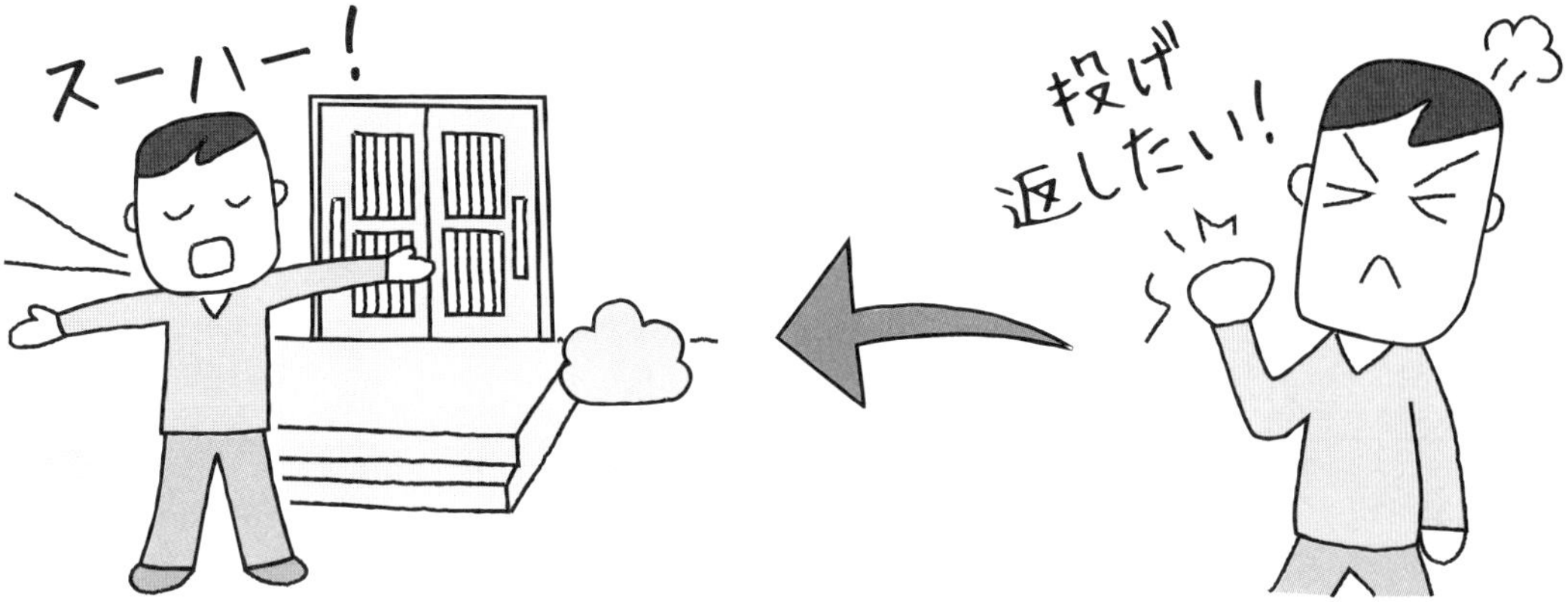

また周囲のサポートを得ることも大事です。主治医やケアマネジャーに相談して対応法を考えてもらったり、介護者の会に出席して同じ悩みをもつ人と話すと「私だけではない」と励まされることが多いものです。

要介護者の暴言・暴力は、物理的にも心理的にも距離を置くことが大事。10分でもいいからその場から離れるのが一番です。

ご近所トラブル

ご近所とトラブルを起こす父
事情を説明してあやまってばかり
すみません
すみません
娘さんも大変だねー
でも、家にかえると、そんなこと忘れてる父…
なにしとった？
むかっ
いつも、こうやって笑って、おとなしくしてくれてたらいいのに…
つかれる

要介護者からの暴言と暴力

▼

認知症の親の介護をしています。近隣の方にお金を返せと暴言を吐いたり、お金を払わずにものをもってきて、それを指摘すると暴力をふるうこともありました。お金に関しての不安や、人の声に敏感で、思い込みなどから感情のコントロールがきかないこともありました（60代女性、96歳の親を介護、介護歴11年）

認知症がガクンと進行したときに暴言がひどくなりました。テレビのリモコンを投げつけるなどの暴挙もあった。「お金がない」「通帳を返して」を一日中言い続け、近くのスーパーに働きたいと飛び込んで店員さんを困らせた。これがもっともつらかった（50代女性、77歳の親を介護、介護歴４年）

暴言とまでは言いませんが、口げんかをしているうちに「もう帰って」と言われることがありました。毎回何とか仲直りしましたが、繰り返すことに疲れてしまいました（50代女性、83歳の親を介護、介護歴８年）

「お前のことを近所の人が笑っている。仕事を首になったんだろう」と暴言を吐かれた（50代男性、92歳の親を介護、介護歴７年）

心疾患・精神疾患の母を介護。母の暴力で父が頭から血を流したのを２回見た。私はダウンジャケットを破られた。暴言は毎日。頭にくるし、疲れる（60代女性、87歳の親を介護、介護歴15年）

距離を置く

夜中何度も部屋に入ってきた。暴言を吐かれ、寝不足に（50代男性、81歳の親を介護、介護歴3年）

娘（自分）が最低な人間だと言う。親族に伝える、日記帳などに書き連ねるなどで、一時期非常に追い込まれた（50代女性、84歳の親を介護、介護歴4年）

母の入院の書類など父に確認するためにもっていくと「わからない」と言って書類を投げつけられる。夜中に「さっきの書類は何だったんだ」とたたき起こされる（40代女性、79歳の父親と76歳の母親を介護、介護歴1年）

「早く死ね、金よこせ」とものを投げつけられました。財布も盗まれました。大声で母を怒鳴ってしまいました。その後、別の部屋に移り距離を置きました。離れるのがいいですね（50代女性、93歳の親を介護、介護歴5年）

暴言を吐いた自分が嫌

15 ついカッとして、自分がしてしまった暴言・暴力に自己嫌悪

- 介護者の会で話すと自分だけではなかったとわかる
- つらさを分かち合って心を癒す

自分にそんな面があったのか、と怖くなる

家族の介護をしていれば、多かれ少なかれ、みなさんこのような経験をしているのではないでしょうか。

家族介護者が本音を話せる介護者の会でも、「カッとなってつい暴力的な言動をしてしまった。その後、自分の中にこんな鬼のような部分があったのかとひどく落ち込んだ」という声を多く聞きます。「自分の中に潜むこんな気持ちが、もっと強くなったらどうなってしまうのか……」そんな恐怖と要介護者に対する罪悪感が渦巻いて、とてもつらかったと言います。

すると、必ずほかの出席者からも「そうなんだよね」という声が出てきます。こんなふうに、介護者の会で同じ気持ちや心の痛みを分かち合うことで「自分だけではなかった」ということに気づくことは、とても大事なことです。それだけで気持ちがずいぶん楽になります。

カッとしたときの乗り切り方

介護者の会では、「要介護者の言動に思わずカッとしたとき、どう乗り切ったのか」という話も出てきます。

例えば、100円均一ショップで安い皿を買ってきて、思い切り割ってみたという人がいました。後片付けが大変だったので、次回からはスーパーのレジ袋に皿を入れて割ったそうです。「ガッシャ〜ン、ガッシャ〜ンとすごい音がするんです。すっきりしました」という

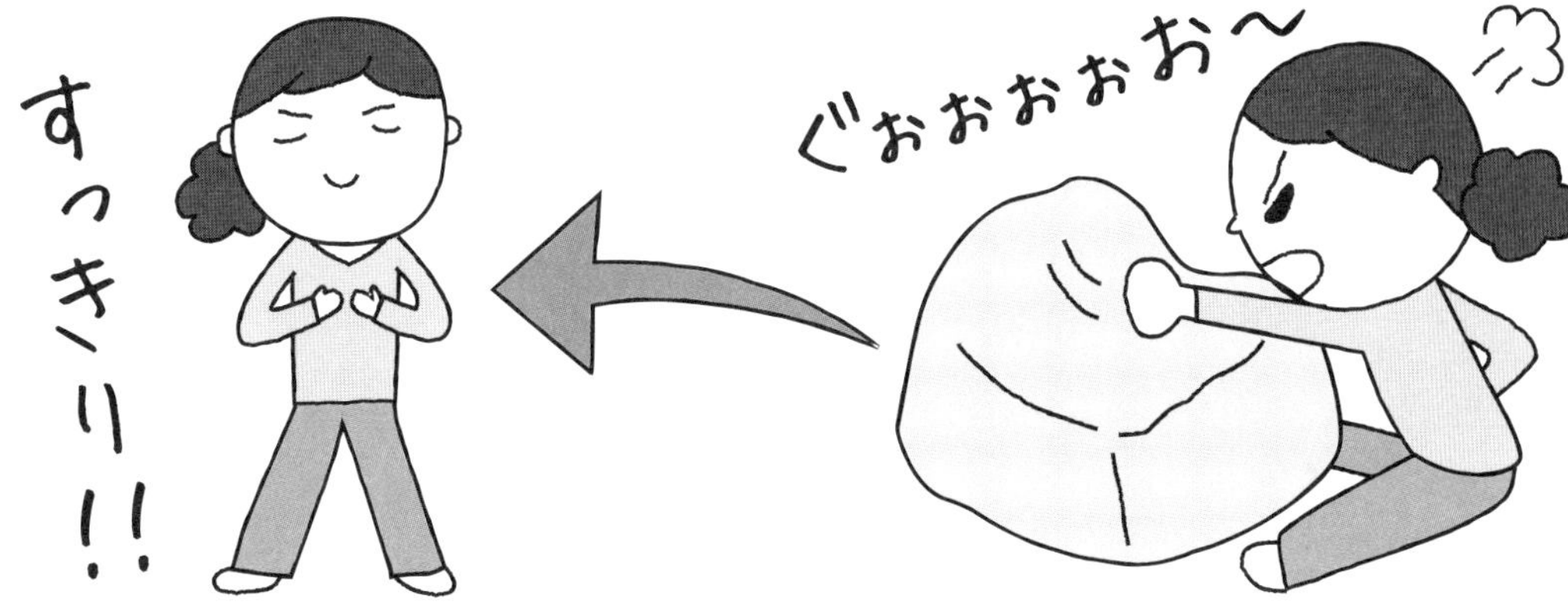
ぐおおおおお～
すっきり!!

話を聞いて「私もやってみよう」という人がたくさんいました。

また「ビーズクッションをサンドバッグ代わりにしました」と言う人もいました。

ネガティブな感情を一人で抱えていると、負のスパイラルから抜けられなくなってしまいます。

同じ悩みを分かち合える介護者の会は、アドバイスや手助けをしてもらうというよりは、同じ当事者の話を聞くことで、日ごろ言えない気持ちをオープンにできて、心を癒す機会が得られます。

この気持ちは、当事者だからこそ分かち合えるのです。

要介護者につい行ってしまった暴言と暴力

暴言を吐かれるなどして我慢できず、また要介護者も認知症なので覚えていないのならと、自分を楽にするために言いたいことを言って黙らせることを繰り返していました。単にためていたものを吐き出したい気持ちでした（60代女性、96歳の親を介護、介護歴11年）

本人と電話で話していて頭にきてしまい、もっていた電話の子機を投げて電話を切ったことがあります。本人に向けて暴力をふるったことはありませんが、言葉で傷つけてしまったことは多々あったと思います。毎回後悔しますが、繰り返していました（50代女性、83歳の親を介護、介護歴８年）

通販で何かを買ってしまったり、無駄遣いしたりすると怒鳴ってしまった。後悔はするが、金銭に関わることだと抑えられない（40代男性、80歳、83歳の母と叔母を介護）

「人に対する気遣いがない」というような内容のことを言ってしまったことがあります（50代男性、88歳の親を介護、介護歴３年）

親に手を上げるなんて最悪の気分です。でもそのときは気持ちを抑えることができなかった。もちろん自己嫌悪で消えてしまいたくなりました。なぜこんな病気（認知症）があるのかと泣きの日々でした（50代女性、77歳の親を介護、介護歴４年）

わがままを繰り返し言われたり、妄想に付き合わされたときに暴言を言ってしまい、申し訳なさと悲しみで胸がいっぱいになった（50代男性、親を介護、介護歴５年）

何度も同じことを言われると「だからー！」と言ってしまう。真夏でも夕方になると家中の窓を閉めてまわる。夕食の支度をしていると、手伝おうと手を出してくる。猫に何度もエサを与えてしまう。その他、やってもらうと困ることを３度以上されると怒鳴ってしまう。いけないとわかっちゃいるけど、やめられない（60代女性、91歳の親を介護、介護歴13年くらい）

暴言を吐かれてカッとなり、暴言を吐いた（50代男性、81歳の親を介護、介護歴３年）

介護ストレス発散法

積もりに積もった日ごろのストレスや、何度言っても理解しようとしない態度につい腹が立ち、心ない言葉を吐いてしまったり、たたいてしまったりした。その後はこんな自分が情けなくなり、ここまで追い詰められている自分の環境に危機を感じた（40代女性、80歳の親と41歳のきょうだいを介護、介護歴25年）

自分自身はそもそもやさしい人間ではないと思っていて、カッとして何度も暴言を吐いている。さすがに暴力はなし。そしてその後はひどく落ち込む（50代女性、84歳の親を介護、介護歴4年）

元介護職員なので、どんな理由があっても私から両親への暴言・暴力は虐待になってしまうと思い、心を殺している（40代女性、79歳の父親と76歳の母親を介護、介護歴1年）

怒鳴ったり、手を上げてしまったことがあった（50代女性、親の介護、介護歴8年）

「バカ」と怒鳴ったが、たまには怒ってもいいよねと思いました。マニュアル通りに母の言動に「イエス」ばかり言っていられませんでした。認知症なのでしばらくするとケロッとしているし、バカと言ってバカと言い返される。今は懐かしいです。病気が進んで弱ってくると、バカなんて言えませんから……（50代女性、93歳の親を介護、介護歴5年）

16 介護に精神的に疲れた。介護ストレスをどう発散すればいいのか

- 介護だけの生活を避ける
- 自分の好きなことをする時間をもつ

自分に合ったストレス発散法で乗り切る

同じことを何度も尋ねられたり、わがままや、不平不満、いら立ちをぶつけられると、うんざりして介護疲れがたまっていきます。要介護者がどんどん嫌いになるという声もよく耳にします。

ネガティブな言葉などをうまく受け流せるようになるには、アンガーマネジメント（怒りをコントロールする方法）の本を読んだり、動画を見たりしてもいいでしょう。

一方で、ジョギングをしたり、ジムに行って体を動かせばすっきりするという人、心療内科に通っている人もいます。また、夜少しのお酒を飲むことで、ストレスを発散できるという人もいます。

介護から離れる時間をもとう

大切なのは、24時間365日介護と向き合わないこと。生活のすべてを介護に向き合ってはいけません。自分は介護しかないと思うからすべてがつらくなるのです。1日30分でも、1時間でもいいから介護から離れて、自分の好きなことをする時間をもちましょう。

自分を取り戻せる時間があれば心に少し余裕ができて、要介護者の心ない発言や問題行動もある程度許すことができるものです。

自分の時間をつくりだすためには、介護サービスをできるだけ活用することです。

ケアマネジャーに相談し、インフォーマルサービスも積極的に利用して、家族介護者自身の生活も大事にしましょう。

介護のすき間に

三百六十五日の介護でもうクタクタ
今日はお天気かい？
もうずっと、母さん以外の人と喋ってない。
少しでも外出したい！
誰かと話したい！
あ！
駅前に24時間やってるジムができた！
24じかんOPEN!!
会員募集
母が、大人しくしてくれてる間に、ジムに通うことに！

私の心の癒し方

友人との食事、買い物でストレスを発散。ケアラーズカフェ（介護者の息抜きや介護者同士が交流できるカフェ）にて、ケアラーとの会話、働く、社会参加など（60代女性、96歳の親を介護、介護歴11年）

介護者のカフェに行って介護友達と話す。週に1回のヨガ（介護前からのことは続けるべき！）、SNSでコミュニケーションしたり、情報交換をする（50代女性、77歳の親を介護、介護歴4年）

介護サービスのショートステイや小規模多機能型居宅介護サービス（p.55参照）の泊まり制度を活用して、趣味に没頭する。旅行に行く（50代男性、親を介護、介護歴5年）

新聞や本、ラジオをもってトイレに入る。トイレまでは追ってこない（60代女性、91歳の親を介護、介護歴13年くらい）

スポーツクラブへ行く。週末などはショートステイサービスを利用する（50代男性、92歳の親を介護、介護歴７年）

仕事と介護のオフタイムは、好きなものを食べたり、晴れの日は外に出て気分を休める。やってみたいことが見つかれば調べてみる（40代男性、80歳、83歳の母と叔母を介護）

母のところへ行くときには、行く前とあとに一人でカフェに寄っていました。直接自宅から出向くことが気分的にしんどかったことと、帰りに気分転換をしたかったからです。マインドフルネスをします。鈴の音が出るアプリを使っています。マインドフルネスはNHK特集で、宗教的なものではなく、脳科学的な方法だと知り実践しています。効果あると思っています（50代女性、83歳の親を介護、介護歴８年）

ストレス発散は仕事と、家でできる楽器演奏。どこが自分の限界かを決めて、それができなくなったら施設入所を考えることにした（60代女性、88歳の親を介護、介護歴７年）

仕事に行く（60代女性、87歳の親を介護、介護歴15年）

たまにプチ家出をしたり、ネットカフェで泊まったりした（50代男性、81歳の親を介護、介護歴３年）

なるべく多くの人に相談して、状況を共有する。できないことは無理せず、人の手を借りる。とにかく休息できる時間を意識的にとる（40代女性、80歳の親と41歳のきょうだいを介護、介護歴25年）

ある日、状況がつらすぎて家を飛び出たら、そこで現在のパートナーとめぐり会った。動画サイトで犬の映像を観る。ガーデニングを人生で初めてやり、ハマった（50代女性、84歳の親を介護、介護歴４年）

デイサービスやショートステイの利用、家族会での会話、自分の好きなこと（水泳）に熱中する（80代男性、83歳の妻を介護、介護歴３年）

自分時間

認知症の両親の世話はそりゃあ大変！
ギャァーギャァー
ごはんまだかねー?!
アルツハイマーの父とレビー小体型の母
ストレス
その介護で、自分の時間なんてほぼないけれど…
だけど、明け方になんとか自分の時間を作った！
さーて!!
お気に入りのネット漫画の続き！
自分で作りだした大切な時間！
これで今日1日もがんばれる！

早く寝て朝３時や４時に起きて、好きなネットマンガを読むこともある（40代女性、79歳の父親と76歳の母親を介護、介護歴１年）

本人のあまり体調のよくない時間帯があります。そういうときは逆に静かなので、その時間を狙ってネットなどで現実逃避をしています（50代男性、88歳の親を介護、介護歴３年）

限られた時間の中で図書館や買い物、美術館に行ったりしていた。映画館はタイムテーブルがあるので無理（50代女性、親の介護、介護歴８年）

ジムに行ったり、ランチに友人と行っている（60代女性、96歳の親を介護、介護歴約15年）

オレンジカフェ（認知症カフェ）に行ってみる。合わないオレンジカフェもあるので期待はしないで行きます。音楽教室に行ったり、母と一緒に外食やカフェでお茶をするなど楽しいことをし、家族以外の人と触れ合う（50代女性、93歳の親を介護、介護歴５年）

認知症の物盗られ妄想

17 認知症の要介護者から「物を盗られた」と疑われる

- 身近な人が一番疑われてしまう
- 少しの間一緒に探し、気持ちをほかに向ける工夫を

疑われたことにショックを受けた

認知症の介護で多く聞かれるのが「物盗られ妄想」です。

認知症の母親を在宅で介護している娘さんからこんな話を聞きました。ある日、離れて住むお兄さんから電話がかかってきて「母さんが、お前に金を盗られていると言っている。お前はいったい何をやってるんだ!」と怒鳴りつけられたそうです。彼女は、兄が認知症の母親の言葉を真に受けて自分を疑ったことに、大きなショックを受けたと言います。

一緒に探すふりをする

認知症の人が「ものがなくなった」と言うときは、一緒に探し物に付き合うとよいといいますが、実際はそれが大変なときもあります。例えば出勤前、要介護者がキャッシュカードがないと騒ぎ出す。こんな騒ぎが繰り返されれば誰だってうんざりしてしまいます。

ある家族介護者は「そんなときは少しだけ一緒に探すふりをする。そうして、『おなかがすいたね。バナナでも食べようか』と言うと、探し物のことを忘れてくれる」と言います。「5分ほど探すふりをすれば、気分が変わってくれるので、面倒でも少しやさしい気持ちになって一緒に探すほうが、そのあとが楽」とも。

確かにその通りだと思います。あとは、一緒に探そうとする気持ちの余裕があるかどうかです。だから、家族介護者はリフレッシュする時間をもつことが大事なのです。

幻視に入り込まないで

認知症による幻視へのとまどいなど

▼

うちの場合、最初はアルツハイマー型認知症でしたが、この1年で少しレビー小体型認知症（※）もあるかも、と言われました。天井に向かって手を振っています（50代女性、77歳の親を介護、介護歴4年）

※レビー小体型認知症：認知症にはさまざまな種類がある。アルツハイマー型認知症に次いで多いのがレビー小体型認知症で、幻視や幻聴が繰り返し起こるのが特徴だといわれている。

誰かが外にいる。窓の外に人がいるようなことを言うことはあります。確認して、大丈夫いないよと答えると納得する（60代女性、96歳の親を介護、介護歴11年）

幻視・幻想の話を聞いた。次の日誰かに相談するから、今はもう寝ようと伝えた。友人に話すと興味深く聞いてくれたので、4コマ漫画にした（60代女性、88歳の親を介護、介護歴7年）

二人「兄弟」なのに、「お姉ちゃんはどうした」としつこく聞かれるが適当に聞き流す（50代男性、親を介護、介護歴5年）

「男の人が入ってきた」「トイレを勝手に使われた」と言う。ほとんど無視していた（50代男性、92歳の親を介護、介護歴7年）

暗い部屋だと物陰が人に見えたりして、そのものをたたいたりする。そのため、なるべく部屋は電気をつけて明るくしている（50代男性、81歳の親を介護、介護歴３年）

認知症ではありませんが、その兆候はあります。その場合、相手の言うことを否定せず、話を聞くようにしています（50代男性、88歳の親を介護、介護歴３年）

最近は、トイレの便器で手を洗う、どこでも大便をしてしまう、ものを隠す、もってきてしまうなどです（60代女性、96歳の親を介護、介護歴11年）

お金への執着。暗証番号などは忘れているのに年金の管理は「自分がやる！」と言って、１年くらいは大変でした。買い物も自分がすると言って聞きませんでした。休みのときは買い物に一緒に行ったりしました（50代女性、77歳の親を介護、介護歴４年）

夜、徘徊して、警察に保護された。息子（私）から暴力を受けたと言ったらしく、あやうく逮捕されるところだった（50代男性、92歳の親を介護、介護歴７年）

レビー小体型認知症で「男がいる」と言うので、人影に見えないように部屋にはものをたくさん置かないようにして、「男はもう帰ったみたい」と返事をしている。うちの場合、症状が進むと幻視は減り、時間が解決しました。幻視は触ると消えると聞きましたが、ダメでした（50代女性、93歳の親を介護、介護歴５年）

夜中に傘立てに向かって話しかけていた。昨日子どもを産んだと言い、夢と現実の区別がつかない。自分が部屋で片づけをしていた音を聞いて、来客がいると思い込み、出前をとろうとした。幻視は薬の副作用と思い、処方を止めてもらった（40代男性、80歳、83歳の母と叔母を介護）

一人で家を出て徘徊したときはビックリしました。ケアマネジャーに言って一緒に捜してもらった（60代女性、88歳の親を介護、介護歴７年）

特につらいのは「物盗られ妄想」「排泄」「易怒性（ささいなことで怒りっぽくなること）」（50代男性、親を介護、介護歴５年）

特につらかったのは、金銭管理をしている自分を泥棒扱いしたり、ギャンブルで金を使っていると父に言ったりしたこと（40代男性、80歳、83歳の母と叔母を介護）

物盗られ妄想

認知症の「物盗られ妄想」
ワシの財布がない！お前がとったんじゃないか？
ええっ?!
そう言えば、いつもと違うところに財布置いてた！それならば…
父さん、いっしょに財布探そう！
え…そうか…?!
そして、自分で発見するようにしむける。
あったー
あったー

まだ重い認知症ではないので、徘徊や妄想等はないが、一生懸命ケアしている自分に対して冷たい言葉を言ってきたり、反発されたり、抵抗されるのがとても嫌だった。そして何かあるとそれは介護者の責任のようになってしまうのがとてもストレス（40代女性、80歳の親と41歳のきょうだいを介護、介護歴25年）

正月、叔父に渡す予定だった年賀のエビせんべいを１月３日に父親に投げつけられたこと。まだ松の内なのに……。姉、弟に言っても私の対応が悪いと言われたこと（40代女性、79歳の父親と76歳の母親を介護、介護歴１年）

同じことを繰り返すこと（50代女性、親の介護、介護歴８年）

数年前までは幻視等がたまにありましたが、抱きしめると安心していたように思えます（60代女性、96歳の親を介護、介護歴約15年）

家を一人で出て迷子になり警察に保護されました。そのときは、地域包括支援センターに連絡されて、警察からは施設に入れるように言われる。迷子になってよその家に入り込み、その家の人に怒られ謝っても許してもらえない。目を離さないように、それができないなら、施設に入れろ。外に出さない解決策を示せ、と言われた（50代女性、93歳の親を介護、介護歴５年）

認知症なので話がかみ合わずに、ついイライラしてしまう

▼

まったく話がかみ合いません。だからほとんど口をきかないが、コントロールしたいときだけ一方的に話して、笑わせるムードにもっていってます（60代女性、96歳の親を介護、介護歴11年）

とにかくスルーします。同じことを何度言われても最初は相手をしますが、そのうちスルーしていました。会話はかみ合わなくても幸か不幸か本人は忘れてしまうので、真に受けないようにしていました。ただ、本当に会話できるときがあって、そのときはうれしかったので、たくさん、たくさん話しました。今は病状が進んであまり話せないので、本当に寂しいです（50代女性、77歳の親を介護、介護歴４年）

話はかみ合わないものなので、合わせておく（60代女性、88歳の親を介護、介護歴７年）

会話の内容はかみ合うが、同じことを何度も聞いてくる（40代男性、80歳、83歳の母と叔母を介護）

同じことを何度も聞かれ、話がかみ合わずイライラする（50代男性、親を介護、介護歴５年）

イライラするのは、100回でも同じことを言い、覚えていないこと（40代女性、79歳の父親と76歳の母親を介護、介護歴１年）

５～６年前までは話がかみ合わないことが多々ありましたが、現在はコミュニケーションがとれないので、もうないです（60代女性、96歳の親を介護、介護歴約15年）

第4章

自分の心と体を追い込まないために

終活とお金の話

1 早いうちに話しあっておきたい終末期の在り方や葬儀のこと

● いざ「そのとき」では、遅すぎる
● 有名人の逝去のニュースなどをきっかけにさりげなく

とても大切なことなのに、話しにくい話題の一つに、親の終活問題があります。

いざというときには延命治療を行うのか、亡くなったあとの葬儀やお墓はどうするのか、さらに遺産相続も含めたお金の問題もあります。

ついつい先送りにしていると、本人がいよいよ具合が悪くなったときには、本人の意思を聞くことがむずかしくなります。また、きょうだいで話し合おうとすると「こんなときに縁起でもない」「死ぬのを待っているのか」と反発を招くこともあるでしょう。

話し合っておかないと、あとあとトラブルの元に

延命治療や葬儀、お金のことなどは、家族の間で意思確認ができていないと、いざというときに困ることが多いのです。

しっかり話し合っておかなかったために、あとあときょうだいや親族と揉めるケースがあとを絶ちません。

できれば、まだ介護が始まっていない段階や死が間近に見えないときに、要介護者やきょうだいと話し合っておくのが一番です。

お盆やゴールデンウィーク、法事など、きょうだいが実家にそろったときがいいチャンスかもしれません。

日常の会話の延長で話を切り出す

微妙な話題なので話す勇気がわかない、切り出し方がわからないという声も多く聞きます。

こんなときには、有名人が亡く

なったタイミングなどで「まだ若かったのに。人はいつどうなるかわからないね。うちもそろそろ考えておくべきなのかもしれないよ」などと、さりげなく終活の話を切り出すというのも一つの方法です。

またテレビで終活の特集をしていたのをきっかけに、思い切って親に葬儀やお墓のことなどの話をしたという人もいます。

ほかにも「この前、小学校時代一緒だった〇〇ちゃんの親が亡くなって……。寂しいけれど、もうそういう年代になったんだね」などと話をもちかけたり、自分でエンディングノートを書いて、親に見せて、エンディングノートを勧めたという人もいました。

できるだけ早い段階で、日常会話の延長で話せるタイミングを見つけて医療や終末期、金銭問題について話し合っておくことをお勧めします。

19 先輩ケアラー（介護者）の声

親やきょうだいと終末期、葬儀、遺産のことなど話しましたか？

話し合いました。資産状況、葬儀の連絡をする人、延命治療はしないこと（本人直筆の文書も預かっています）。認知症になった場合には、遠慮せずにホームに入居させてほしいということ（50代女性、83歳の親を介護、介護歴８年）

認知症の初期のころ、どこまで本心かわかりませんでしたが、区内にお墓がほしいと言っていました。また、葬儀は質素でいいと。父が健在なので、具体的にはまだ話していません（50代女性、77歳の親を介護、介護歴４年）

終末期に胃ろう（延命措置）をするか否か、葬儀の内容、相続のことなどを話し合った（50代男性、親を介護、介護歴５年）

遺産の分け方や、延命はしないことを話し合った（50代男性、81歳の親を介護、介護歴３年）

要介護者である母とは、話し合っていない。これから話す機会があっても、認知症の母が理解してくれないことが予想される（40代男性、80歳、83歳の母と叔母を介護）

本当はオープンに透明性をもたせるように話し合いたい。しかし身内との不和により、たぶん無理。なるようにしかならないという感覚でいる（50代女性、84歳の親を介護、介護歴４年）

2 女性介護者に多い悩み

- 介護そのものより、母と娘の関係性に悩む人が多い
- 義務感だけの介護ではつらくなるばかり。できるだけ介護のプロに任せる

母親と娘の関係性で悩む

親に対しての思い、特に母と娘の関係は百人百様で温度差が大きいですね。仲のよい親子だという人もいれば、子どものころから親との関係性に苦しんできたという人もいます。

女性介護者が集うアラジンの「娘サロン」でも、介護自体の悩みよりも、むしろ母と娘の関係性について苦しむ声が多く聞かれます。

自分をサポートしてくれていた母親が、今はわがままになりひどい言葉を投げかける、と悲しそうにお話をする人もいます。反対に、もともと親が支配的であったりすると、加齢とともによけいにひどくなったという話も多く聞きます。

例えば、こんな悩みがありました。幼いときから友達も自分で選ばせてくれず、進学や就職先も母親が決めて、付き合う男性も母親が選別していたそうです。その母親が認知症になった。病気になった今も自分を苦しめ、「本当にもう耐えられない」と言います。

もともと支配したがる親だからしょうがない、と割り切れるものではありません。また周囲から「聞き流しなさい」「病気が言わせているだけ」といくら言われても、わがままや暴言を吐かれながら介護をするのはきついのです。

「感情労働」という言葉があります。簡単にいえば、介護職や医療職など感情のコントロールが必要な職業をいいます。家庭で行う介護は職業ではありませんが、家族介護者は日々感情労働に従事しているといえます。

【女性介護者に多い悩み】

母親との関係が良好だった場合
できる限りのことをしたい。でも頑張りすぎて疲れてしまった
母親との関係がうまくいっていなかった場合
昔から母親が好きになれなかった。介護するのが苦しい

介護のつらさをやわらげるコツ

- 介護を一人で抱え込まない。できないこともあると割り切る
- 介護サービスをできる限り利用して、介護のプロに任せる
- 母親とは一定の距離を置く
- なるべく同世代の人が集う介護者の会などに参加して、多くの事例を知るようにする。そうすることで、客観的に自分を見られたり、本音で話したり、同じ悩みをもつ仲間が得られる

など

一定の距離を保つ

また電話相談ではこんな悩みも寄せられました。「母親と関係が悪かったので何十年も離れて暮らしていたが介護が必要になった。自分も大人になったから、もう傷つかないだろう」そう思って同居したそうです。しかし「母親は変わらない。昔を思い出して、よけいにつらくなった」と言います。

こんなふうに、母と娘の関係性がよくない場合は、やはり親とは一定の距離を保っておくしかないように思えます。

親と離れて暮らす人は、同居せずに、遠距離介護から始めてみてもいいでしょう。すでに同居している人は、介護保険サービス等を使って、介護の実務は極力プロの人に任せる、施設入所を考えるのも一つの選択だと思います。

3 男性介護者に多い悩み

- 家事や買い物の悩みが多い
- 孤立しないように、介護者の会で分かち合いを

気持ちを話すのは苦手

一般的に男性の介護は、情報収集から始まって、車いすの移乗など介護の技術面を磨く傾向があるようです。また、最近は少なくなりましたが、男性介護者の場合は、介護を仕事と同じように捉える方がいます。そういった方の場合、介護者の会に参加しても、要介護者の症状や介護に至るまでの経緯はしっかり話す一方で、自分の思いを話すのは苦手なようです。しかし、回を重ねると次第に心情的なことも話せるようになってきます。

家事や買い物をどうするか？

特に男性介護者の悩みで多いのは、家事や買い物についてです。「母親の下着をどうする？　どこでどういったものを買えばよいか？」ということから始まって、料理や洗濯などの家事をどうするのかという問題に直面します。

克服の仕方は、人それぞれです。食事の支度をするうちに、料理がストレス発散の場になったり、趣味になったという人もいます。

一方、調理をするのが面倒、頑張ってつくっても要介護者がまずいと言って食べてくれないから、配食サービスやコンビニエンスストアの弁当でしのいでいるという声も多くあります。これでいいのだろうか、と本人は悩みますが、ほかの介護者から「コンビニ弁当でもいいんじゃない？」「魚だけ焼いてご飯とみそ汁があればいいんだよ。あとは野菜系の総菜を買えばいいんじゃないか」という声が出ると、それでもいいんだとホッ

【男性介護者に多い悩み】

母親の下着って、そもそも何をどうやって買えばいい？
大好きな母がこんなふうになってしまうなんて……（悲しい）
食事の支度や、洗濯はどうすればいいのか？
介護がうまくできないのは自分のせいだ
社会から孤立してしまった感じがする

介護のつらさをやわらげるコツ

- 介護を一人で抱え込まない。できないこともあると割り切る
- 介護サービスを上手に利用して、介護のプロに任せる
- 介護者の会などに参加して、多くの事例を知ることで、客観的に自分を見られるようにする
- 主に男性が集まる介護者の会などに参加して、本音で話せる、同じ悩みをもつ仲間をつくる
- 介護者の悩みを聞いてくれる、電話相談を活用する

など

とする人も少なくありません。

介護を背負って疲弊してしまう

男性介護者では、父親の介護は淡々と行っても、母親の介護は思いが強く出て、自分を犠牲にして頑張りすぎてしまい、疲弊しがちな傾向があるようです。

さらに「大好きな母親が、こんな状態になってしまった」という、現実を受け入れられない人も多いように思えます。

ともすると一人で介護を背負って孤立しがちな男性介護者は、弱音を吐いたり愚痴をこぼすのをよしとせず、ストレスをためる傾向にあるようです。だからこそ、介護者の会に参加して、同じ立場の人に話を聞いてもらったり、ほかの人の話を聞いてみてはいかがでしょうか。それだけで心が軽くなることが多いものです。

心を癒す

4 介護のつらさ苦しさを癒すのは、同じ立場の人との分かち合い

- 介護者の会はサークル活動と考えて、気軽に参加を
- 話すだけでも気持ちが軽くなる

介護者の会であふれる思いを話す

毎日休みなく続く介護。介護に疲労困ぱいしてしまわないためには、心の居場所が必要です。

気持ちが晴れないとき、疲れたとき、孤独を感じているとき、要介護者に腹が立ってしょうがないというときには、ぜひ同じ立場の人が集う介護者の会に参加して、あなたのあふれる思いを吐露してください。誰も否定・批判はしません。

誰かに話すと、気持ちがすっきりするだけでなく、気持ちが整理されて課題がクリアになることも多いものです。

また、「夜中に何度もトイレ介助で起こされるが、トイレに行っても出ない。お尻をたたきたくなった」といったネガティブな話でも、介護者の会では「わかるわかる」と共感してもらえます。そうして重たい話であったとしても「もうぶっ飛ばしたくなるわよね」と参加者が笑いに転換させてしまう瞬間がけっこうあります。

介護は思い通りに行かない孤独な作業です。参加者から「会に来て久しぶりに笑った」という声をよく聞きます。

またほかの参加者の話を聞くことも、大きな癒やしになります。苦しいのは自分だけじゃなかった、と思うだけでも心が軽くなります。

同じ背景をもつ人同士が対等な立場で話を聞き合うことを、ピアカウンセリングといいます。ピアカウンセリングには癒やしや気づき、仲間との出会い、情報交換や

学びなど、さまざまな効果があります。ぜひ一歩踏み出して、介護者の会に参加してみてください。

自分に合った居場所を見つける

けれども、介護者の会に思い切って参加したのに、期待外れだったという声も聞きます。

参加者は自分よりも年配の方が多く「あなたなんか若いから楽でしょう」と言われた。悩みを話したら、即座に解決策やアドバイスを提示されたという声もありました。

同じ年代の仲間と出会えるように、事前に問い合わせメールなどから、「自分と同じ年代の人や、仕事をもって介護している方はいますか？」などと聞いてみるのも一つの方法です。

近年は、介護者の会もオンラインで行うところが増えてきました。オンラインなら遠く離れた地域で行われる介護者の会に参加することも可能です。

あまり気負わずに、サークル活動のように気軽に参加してみてはいかがでしょう。

あなたに合う介護者の会はきっとあります。どうか1回の参加であきらめないでください。

COLUMN

認知症カフェとケアラーズカフェはどう違う?

「アラジン」が考えたケアラーズカフェは、介護者が苦しいときにすぐに飛び込める常設型のカフェです。介護に関する案内所であると同時に、家族介護者がホッとできる心の居場所でありたいと考えています。

認知症カフェはどちらかというと認知症の本人が主体ですが、ケアラーズカフェの主人公は家族介護者です。

ケアラーズカフェには家族介護者に寄り添って見守るコーディネーターがいて、話をじっくり聞いたり、情報提供をしたり、同じような方がいらしたらそこで引き合わせをするコーディネートをしています。

全国的にはまだ少ないですが、ご近所で見かけたら、気軽に立ち寄ってみてください。

心と体の休息

5 レスパイトケアの勧め

●介護をする人、される人が共倒れにならないために必要な休息
●うしろめたさや罪悪感を覚える必要はない

介護から離れてリフレッシュを

レスパイトとは、「一時休止」「休息」「息抜き」という意味です。在宅介護にあたる家族介護者が一時的に介護から離れて休息できるようにするためのサービスをレスパイトケアといいます。

介護は長期戦です。家族介護者がホッとひと息つける時間がないと、長い介護生活につぶされてしまいます。

一時的でも介護から離れて休むことができれば、心も体もリフレッシュしてまた介護に立ち向かえることが多くありますし、要介護者にとっても、気分転換が図れることでしょう。

ショートステイサービスの利用

介護保険サービスでの代表的なレスパイトケアには、自宅で介護を受けている要介護者が一時的に入所する、ショートステイサービスがあります。このサービスは1泊から最大で30日間施設に入居できます。

その間、家族介護者は介護から

こんなときは、
積極的にレスパイトケアを利用しよう

●イライラすることが多いとき
●ストレスや疲労がたまったと感じるとき
●眠れなかったり、体調がすぐれないとき
●旅行や趣味などでリフレッシュしたいとき
●冠婚葬祭があるとき　など

解放されて、まとまった休息をとることができます。このサービスを利用して気分転換のために旅行に行く人もいます。また、冠婚葬祭や家族介護者の突然の病気など急な場合でも利用できます。

罪悪感をもつ必要はない

家族介護者の中には、一時的にでも介護から離れることに罪悪感を覚える人もいます。親せきや、きょうだいから「親を放り出して、楽をしている」と非難されることもあるようです。けれども24時間365日介護をしていれば、誰でも心身の疲労がたまります。疲労がたまったまま介護を続けていけば、介護をする人もされる人も共倒れになる危険があります。

レスパイトケアは「楽をする」という前提で考えないこと。

例えば、子育てしている人が子どもを保育園に預けることはあたりまえなのに、なぜ介護のことになると「介護者が楽をしている」ことにつながるのでしょうか。

レスパイトケアを利用することで罪悪感を覚えることはありません。介護のプロにお世話を任せることは要介護者本人にとってもメリットが大きいと思います。

レスパイトケアは、要介護はもちろん、要支援の人も利用できます。ケアマネジャーに相談をして活用してください。

日ごろからショートステイを利用することで、スタッフと顔なじみになり、緊急時の場合でも安心して利用することができます。

施設に短期間入所する2つのショートステイ

①**短期入所生活介護**：有料老人ホームや特別養護老人ホームなどの介護老人福祉施設に短期間入所して、食事や入浴など日常的な生活の介護を受ける。

②**短期入所療養介護**：医療サービスを受けられるショートステイ。リハビリテーションや医療的ケアなどを利用できる。

一定期間介護から解放されるので、介護者がリフレッシュできます。休息、息抜きといったレスパイトの効果は高いので、積極的に利用しましょう。

介護初心者だったころの自分にかけてあげたい言葉

自分のできることをする。あとは本人の生活力や生命力に託そう

介護される側にも介護する側にも、それぞれの人生や介護の理念がある。理想通りに介護され、介護することが一致することはありえないのだから、自分の生活に軸足を置いた上で、自分のできることをする。あとは本人の生活力や生命力に託そう！　なるようにしかならないのだから。

【先輩からのひとこと】要介護者である母が3か月前に骨折し、2度の手術。今も入院中です。その数か月前、今思えば、母との関係をよくすること、よい介護者になるにはどうしたらよいのかを考えていた私は、インターネットで「残存能力を活かし、サポートする」という言葉を読みました。私に欠けていたのは「残存能力を尊重すること」だと思いました。
83歳の母は、身体的なことだけでなく、思考能力も衰えていることを認めて、母の考えや気持ちを尊重するべきだと思い、スマホの待ち受け画面にその言葉を（小さくですが）表示させ、心がけています。
介護は10人いれば10人状況が違うと思いますが、悩む介護者の負担が少しでも軽くなる社会になりますように。そのためには「育ててもらったから介護するのはあたりまえ」という世間のみならず、私自身も考えを変えていく必要があると自分に言い聞かせています。

（50代女性、83歳の親を介護、介護歴8年）

迷惑をかけてもよい世の中に！　これもバリアフリー

人は枯れていく。（介護の大変さは）要介護3がMAX。要介護4からは身体介護だけなので気持ちが楽。「すごくきつい」と思ったら（そのきつさは）あと半年くらいで終わるでしょう。看取り後は、自分の考えが以前とは違っているかもしれないが、前に進みましょう！

【先輩からのひとこと】迷惑をかけてはいけないとおっしゃる方が多いのですが、迷惑をかけてもよい世の中にしていきましょう。これもバリアフリーです。

（60代女性、88歳の親を介護、介護歴7年）

介護の苦労は体験者にしかわからない

聞いてあげて、望みをかなえ、安心できる場所、時間をつくってあげれば、自分がかなり楽になる。

【先輩からのひとこと】私は助言がほしいのではなく、話がしたいだけ。助言はストレス。まったく経験のない人の「大変でしたね」の言葉に重みなし。体験者の言葉には救われる。言葉の重みを感じます。経験しないとわからないことがあるのだと思う。

（60代女性、96歳の親を介護、介護歴11年）

すべての介護者がストレスが少なく過ごせる未来を

教科書通りに行くことはまずないから、できなくてもいい!!　100点を目指さない。人と比べない。できる範囲でできることを。人に頼りましょう。

【先輩からのひとこと】介護って百人百様なので正解はないものだと思います。これからは「認知症」介護が増えるでしょう。ヤングケアラー、シングルケアラー、シニアケアラー、すべての介護者の人が自分の生活もきちんと送れて、介護される人もストレスが少なく日々を過ごせるような未来が、今介護をしている人、されている人たちの声によって、実現されるものと思っています。
介護をして思ったのは、どのステージでも必ず悩みがあって、その悩みは変わっていくものなのですね。それを経験したことを今後に役立てたいと思います。

（50代女性、77歳の親を介護、介護歴4年）

むずかしいけれど、自分を責めないでほしい

自分を責めないでほしいなーと思う（むずかしいけど……）。一つひとつの愚かな選択や判断も、いずれも何かしらの思いやりの気持ちとか、小さな発想が起点にあったはず。

【先輩からのひとこと】まだまだ自分も悩みの途中。介護を一段落終えて、多くのストレスを抱えてきた方が今何を思っているか、それも聞いてみたいと思う。

（50代女性、84歳の親を介護、介護歴4年）

介護未満であっても、介護関係者と情報の共有を

変化を感じたとき、介護する前でも不安になったら身内だけで抱えずに介護関係者と情報を交換して負担を減らすとよいと思います。

（40代男性、80歳、83歳の母と叔母を介護）

介護は人間力が試される機会

全部自分でやる必要はないよ。介護者の会（独身者で仕事をしている人向け）などに参加して相談するといいよ。

【先輩からのひとこと】 介護は自分の人間力を試される機会だと思う。いつか終わるが、それがいつかはわからない。それまで自分ができる範囲でやれることをやるしかないと思う。愛する親・パートナーを失うことは想定以上のショックや悲しみを受ける。

（50代男性、92歳の親を介護、介護歴7年）

介護の知識は多いほど楽になる

もう少し介護について勉強しておけばよかったね。

【先輩からのひとこと】 私の場合、親の介護が始まる前に、認知症の介護の仕事を10年ほどしていましたので、ちょっと特異なケースかもしれません。認知症者への言葉かけとか、失禁時の始末とか、さんざんやってきたので、この経験が親の介護に活かせてずいぶん助かりました。それでも、仕事でやるのと家族の介護をするのとでは大違いということもよくわかりました。介護の仕事をしていたころ、いかにご家族への配慮が足らなかったか思い知らされました。
「介護」については、具体的な技術、その知識はあればあるほど楽になりますが、普通は介護が始まるまで学ぶことはないと思います。ただ、機会があれば、認知症という病気になった当人がどれだけつらいかを聞いておくと、介護をするときに少し気持ちがやわらぐように感じます。
あと、「認知症の高齢者」であることを忘れるようにしています。認知症でも、普通のお年寄りがかかる病気にかかりやすいです。例えば、ウロウロと落ち着かないとき、もしかしたら、それは認知症のせいではなく体の調子が悪いかもしれないです。

（60代女性、91歳の親を介護、介護歴13年くらい）

家族介護者自身の体調のメンテナンスが何より大事

必ずどこかの時点で限界がくるので、そうしたとき相談できる知人や支援団体とつながっておくこと。自治体の担当する課や地域包括支援センター等に早めに相談をして、事前に情報を得て、使える資源を把握しておくこと。そして自分の体調のメンテナンスが何より大事と心得ておくこと。

【先輩からのひとこと】 介護していると、孤立して社会とのつながりが希薄になりがちです。介護者の身近な場で、介護者がひとときでもホッとひと息つけるような居場所（家以外の場）があるといいと、常に思います。そこで、同じ立場の方々と情報交換したり、励まし合える関係性があると、介護がまったく違うものになる可能性を感じます。

（40代女性、80歳の親と41歳のきょうだいを介護、介護歴25年）

苦労の末に気持ちに寄り添ってくれるケアマネジャーと出会えた

つらいこともあったけど、頑張ったね。よく調べて行動しました。

【先輩からのひとこと】 介護認定を受け、ケアマネジャーを探すも引き受けられないと断られる。心が折れそうでした。2度にわたり、時期が違うがケアマネジャーが決まらない。いろいろな経緯があり地域包括支援センターもまったく信じられず。紆余曲折ありましたが、自分でケアマネジャー事務所にたくさん電話してやっと引き受けてくれるケアマネジャーを探しあてました。ケアマネジャーに断られるという情報はどこにもなく、満員の場合を除いて引き受けてくれるのがあたりまえだと思っていた。ネガティブな情報も必要だと思った。
けれど、苦労の末引き受けてくれたケアマネジャーは素晴らしく、仕事も速いです。今のケアプランは私の希望通りです。
介護がはじめての方へ：つらいことがあっても、あきらめないで。あなたをわかってくれる人にきっと出会えます。仕事をしながら一人で在宅介護を続けたい方へ：あなたを大事にしなさい。一人では無理と、施設を勧められることがほとんどですが、あなたの気持ちに寄り添ってくれるケアマネジャーとデイサービスに出会えれば、在宅で介護できます。

（50代女性、93歳の親を介護、介護歴5年）

少しでも介護を楽にするには情報収集が大事

まずは情報収集が第一です。特に社会福祉協議会で利用サービスを知っておくことです。また緊急の往診や訪問診療を役所で紹介してくれる場合があります。

【先輩からのひとこと】日用品や食料品は、徹底的にインターネットの宅配を利用することをお勧めします。特にAmazon、生活協同組合（コープ）、イオン等のネットスーパーは大変助かります。
また24時間振り込みのできるインターネット銀行に口座をつくることと、クレジットカードを持つことにより、生活が非常に便利になります。
なお、介護される側のほうが体調は悪いんだということを忘れないことが、一番大事だと思います。

（50代男性、88歳の親を介護、介護歴3年）

介護でさらに人生がこじれてしまった

私の場合、ケアラー以前の人生に戻って言葉をかけなければ意味がありません。私の人生のこじれは、介護以前のものなので。介護でさらにこじれてしまったのも真実ですが。

（50代女性、親の介護、介護歴8年）

最後までできるだけ寄り添い、後悔のないようにしたい

初心者のときだけでなく、今も「ポジティブによくやってるね！」と。周りの人からもそう言われていますが……。

【先輩からのひとこと】私の場合は対象が母親。幸いにも比較的性格が似ており、今はいとおしく思っています。親には感謝しており、最後までできるだけ寄り添い、後悔しないようにと心がけています。もちろん今までいろいろありましたが今が大切です。
親は看取ることができますが、一人になったときの自分のことを考えると心配です。お金で幸せは買えませんが、不安や不幸を回避できると思う、ある程度の貯蓄が必要だと思う今日このごろです。

（60代女性、96歳の親を介護、介護歴約15年）

幸せだった介護

母との話は、全くかみ合わず…
ビルにたくさん人があつまって、雨がやむのを橋の上からまっていて…
？？
でも、たまに、かみあうこともあって…
あなた小学生のころ学校の側の〇×屋でアイスクリームかうのが好きで…
そうそう
その時は、本当に幸せだったと…
もう、今は言葉も出なくなった
母を見て思う。

今は落ち着いた

【先輩からのひとこと】 初めのうちは関係の本を読んだり、講習会に出席したりしましたが、家族会での情報や会話が参考になって、今はちょっと落ち着いて妻と対応しています。

（80代男性、83歳の妻を介護、介護歴3年）

過去形ではなく現在形で苦しい

特に思いあたらない。初心者だからつらくて、ベテランだから「余裕」ということはないと思う。

【先輩からのひとこと】 感染症の大流行で病院や施設のシステムが変わっている（ホームページに記載されている）のに、それを確認せず、同居して介護している人間だけを責めてくる身内。
自治体のホームページに介護保険の仕組みなど載っているのに調べずに「保険のことはファイナンシャルプランナーに相談しろ」←それは生命保険でしょう！　謎な上から目線の身内。
介護で週3勤務なのに「ヒマそうだから夜勤もしろ」などと言ってくる職場の正社員さん。
病気より人間が怖いです。なぜこの大変な時期に介護しなければいけないのかと本当に苦痛です。過去ではなく現在形で苦しいです。

（40代女性、79歳の父親と76歳の母親を介護、介護歴1年）

あなたのための相談・支援窓口

※データは2021年10月現在のものです。内容が変更になる場合がありますのでご了承ください。

●介護者のための電話相談

【NPO法人 介護者サポートネットワークセンター・アラジン】
心のオアシス電話：03-5368-0747／木曜日（祝日を除く）
10時30分～17時

●認知症に関する相談

お近くの「認知症疾患医療センター」「地域包括支援センター」または、次の機関

【公益社団法人　認知症の人と家族の会】
電話：0120-294-456／月～金曜日（祝日を除く）
10時～15時

【若年性認知症コールセンター】
電話：0800-100-2707／月～土曜日（祝日・年末年始を除く）
10時～15時

【若年性認知症家族会・彩星の会】
電話：03-5919-4185／月・水・金曜日 11時～15時

【若年認知症サポートセンター】
電話：03-5919-4186／月・水・金曜日 10時～17時

●成年後見制度に関する相談

【全国の弁護士会の法律相談センター（日本弁護士連合会)】
(https://www.nichibenren.or.jp/legal_advice/search/center.html)

【公益社団法人 成年後見センター・リーガルサポート全国の窓口検索】
(https://www.legal-support.or.jp/search)

【日本司法支援センター 法テラス・サポートダイヤル】
電話：0570-078374／月～金曜日 9時～21時、
土曜日 9時～17時（祝日・年末年始を除く）

●排泄に関する相談

【NPO法人 日本コンチネンス協会 排泄の困りごと110番】
電話：0570-05-1145
※相談日程は、電話またはホームページ(https://jcas.or.jp)でご確認ください。

●ご利用の医療機関の対応に関する相談

【NPO法人 ささえあい医療人権センター COML（コムル)】
電話:06-6314-1652／月・水・金曜日 9時～12時、
13時～16時（15時30分受付終了)、土曜日 9時～12時
※月曜日が祝日の場合は翌火曜日に振り替え。

●介護事業所の対応に関する相談

ご利用の介護保険サービス事業所の相談窓口、ケアマネジャー、市町村介護保険担当課、都道府県の国民健康保険団体連合会（介護サービス苦情処理担当係）

●施設に関する相談

【公益社団法人 全国有料老人ホーム協会】
電話：03-3548-1077(入居・苦情相談)／月・水・金曜日
(祝日、年末年始を除く)10時～17時

●全国の介護者支援団体

【全国介護者支援団体連合会(NPO法人 アラジン内)】
電話：03-5368-1955／火～金曜日 11時～17時30分
(https://kaigosyasien.jimdofree.com)

【男性介護者と支援者の全国ネットワーク】
電話：075-466-3306／水曜日 13時～17時)
(https://dansei-kaigo.jp)

【NPO法人 パオッコ～離れて暮らす親のケアを考える会】
(http://paokko.org/)

本書内容に関するお問い合わせについて

このたびは翔泳社の書籍をお買い上げいただき、誠にありがとうございます。弊社では、読者の皆様からのお問い合わせに適切に対応させていただくため、以下のガイドラインへのご協力をお願い致しております。下記項目をお読みいただき、手順に従ってお問い合わせください。

■ ご質問される前に

弊社Webサイトの「正誤表」をご参照ください。これまでに判明した正誤や追加情報を掲載しています。

正誤表　https://www.shoeisha.co.jp/book/errata/

■ ご質問方法

弊社Webサイトの「刊行物Q&A」をご利用ください。

刊行物Q&A　https://www.shoeisha.co.jp/book/qa/

インターネットをご利用でない場合は、FAXまたは郵便にて、下記"翔泳社 愛読者サービスセンター"までお問い合わせください。
電話でのご質問は、お受けしておりません。

■ 回答について

回答は、ご質問いただいた手段によってご返事申し上げます。ご質問の内容によっては、回答に数日ないしはそれ以上の期間を要する場合があります。

■ ご質問に際してのご注意

本書の対象を越えるもの、記述個所を特定されないもの、また読者固有の環境に起因するご質問等にはお答えできませんので、あらかじめご了承ください。

■ 郵便物送付先およびFAX番号

送付先住所　〒160-0006　東京都新宿区舟町５
FAX番号　03-5362-3818
宛先　（株）翔泳社 愛読者サービスセンター

●免責事項
※本書の記載内容は、2021年10月現在のものに基づいています。
※本書に記載されたURL等は予告なく変更される場合があります。
※本書の出版にあたっては正確な記述につとめましたが、著者や出版社などのいずれも、本書の内容に対してなんらかの保証をするものではなく、内容やサンプルに基づくいかなる運用結果に関してもいっさいの責任を負いません。

[著者プロフィール]

森川恵子（もりかわ けいこ）
NPO法人 介護者サポートネットワークセンター・アラジン 理事・スタッフ。
実母のアルツハイマー型認知症発症を機に、在宅介護と子育てのダブルケアが始まり、日々介護に戸惑う中、アラジンと出会いスタッフとなる。介護者のための電話相談「心のオアシス電話」、実母を介護する娘さん、息子さんの交流の場「娘サロン」「息子サロン」等の運営を主に担当する。

渡辺道代（わたなべ みちよ）
東洋大学ライフデザイン学部准教授、NPO法人 介護者サポートネットワークセンター・アラジン 副理事長。社会福祉士・精神保健福祉士。
大学ではソーシャルワーク論や社会貢献活動論などを担当。社会福祉士・精神保健福祉士の教育・養成に携わっている。幼少時は妹のケア、40歳ごろより母・父・妹・伯父の介護を行っていた。ケアラー（介護者）支援活動や研究を行っている。

牧野史子（まきの ふみこ）
NPO法人 介護者サポートネットワークセンター・アラジン 理事長、一般社団法人 日本ケアラー連盟 代表理事。
阪神淡路大震災後の仮設住宅支援活動中に孤立する介護者に出会い、1999年神戸にて「介護者支援」活動をスタート。2001年に東京にてアラジンを設立。以来、電話相談や「介護者の会」の立ち上げ、「ケアラーズカフェ」や地域での支援人材の育成など、孤立しがちな介護者が社会につながるさまざまな資源の創出など、仕組みづくりを試行する傍ら、「介護者支援法」の実現に向けたロビー活動を展開している。

Special Thanks!
アンケートにご協力いただいた、アラジンに集う先輩ケアラー（介護者）の皆さま、貴重なご意見をありがとうございました。

NPO法人 介護者サポートネットワークセンター・アラジン
東京都新宿区新宿１丁目18-10
橋場コーポ３階302号室
代表電話：03-5368-1955
FAX：03-5368-1956
事務局：火〜金曜日 11時〜 17時
e-mail：arajin2001@arajin-care.net
URL：http://arajin-care.net

執筆協力	中出三重（株式会社 エム・シー・プレス）
装丁	大岡 喜直（next door design）
本文デザイン	相京 厚史（next door design）
カバーイラスト	平尾 直子
本文4コマ漫画	ゆらりゆうら
本文イラスト	加藤 陽子
本文DTP	BUCH⁺

「家族介護」のきほん
経験者の声に学ぶ、介護の「困り事」「不安」への対処法（はじめての在宅介護シリーズ）

2021年11月18日　初版第1刷発行

著者	NPO法人 介護者サポートネットワークセンター・アラジン
発行人	佐々木 幹夫
発行所	株式会社 翔泳社（https://www.shoeisha.co.jp）
印刷・製本	日経印刷 株式会社

本書へのお問い合わせについては、151ページに記載の内容をお読みください。

ISBN978-4-7981-7282-8　Printed in Japan